Aventuras na
AMAZÓNIA
HISTÓRIAS DA SELVA

Aventuras na
AMAZÓNIA
HISTÓRIAS DA SELVA

por
Larry Garman

Missões Nazarenas Internacionais

Tradução feita por Maria João Petticrew
Edição feita por Raquel A. Espinhal Pereira

Dedicatória

Este livro é dedicado aos nossos maravilhosos filhos, Dr. Guy Garman (que faleceu tragicamente a 14 de Agosto de 2015), Greg, Candy e Tim, e à nossa família mais alargada que nos têm apoiado ao longo dos anos. São eles os nossos heróis, juntamente com uma hoste de peruanos, que nos têm desafiado, inspirado e amado. Aos nossos amigos das Equipas de Trabalho e Testemunho que ajudaram a mudar o nosso mundo, o nosso obrigado.

Índice

Acerca de Larry e Addie Garman...

Addie Pearl Broussard nasceu num lar cristão maravilhoso em Orange, Texas, EUA. Os seus pais e irmãos foram pilares e apoiantes da Igreja do Nazareno em Orange, Texas. A família mudou-se para Whittier, Califórnia, EUA, quando Addie estava na quarta classe, e ela aceitou a chamada para ser missionária nessa altura. Depois do liceu, ela formou-se em Educação no Pasadena Nazarene College (agora a Universidade Nazarena de Point Loma), na Califórnia.

Em 1958, ela e Larry casaram-se, e pouco depois inscreveram-se para o serviço missionário.

O casal foi abençoado com três filhos: Guy Russel, Gregory e Candy. Mais tarde, quando moravam no Peru, nasceu o seu quarto filho, Timothy.

Em 1964 Larry e Addie foram enviados como missionários para a floresta da Amazónia no Peru. Addie tinha muitos medos, mas confiou em Deus para cuidar da sua família numa parte muito remota da vinha.

Ela foi instrumental em começar a primeira igreja entre os índios Aguaruna. Com o início do Instituto Bíblico, ela deu aulas de Velho Testamento, música, drama, e matemática, durante cerca de 37 anos. Ela pastoreou duas igrejas e começou um ministério de mulheres que foi um modelo para toda a tribo.

Larry Maurice Rhinehart nasceu em Springfield, Ohio, EUA. Aos 12 anos, Larry foi adoptado pelo seu padrasto, Guy Russell Garman, que faleceu quando Larry tinha 16 anos. Larry frequentou uma pequena Igreja Metodista Unida até ao liceu, quando deixou de frequentar a igreja.

Um amigo da sua mãe convidou a família a irem a uma missão doméstica da Igreja do Nazareno, onde o povo se interessou por Larry, e ele aceitou Jesus como Salvador. O pastor falou a Larry de uma Faculdade Nazarena em Pasadena, na Califórnia (agora a Universidade Nazarena Point Loma, em San Diego). Aí, Larry foi santificado, e recebeu a sua chamada para missões.

Depois da sua graduação na Faculdade de Pasadena, Larry obteve um doutoramento em quiroprática na Faculdade de Los Angeles de Quiroprática e abriu um consultório privado. Dois anos depois, Larry inscreveu-se na Biola School of Missionary Medicine [Faculdade de Medicina Missionária Biola] na Califórnia, para estudar medicina tropical, estomatologia e farmácia. Os Garman foram então enviados como missionários para a Amazónia peruana, para trabalhar com os povos indígenas e levar a cabo trabalho clínico durante 40 anos.

Além de ir ao encontro de necessidades físicas na selva, Larry ensinou no Instituto Bíblico durante 37 anos, plantou igrejas, serviu como pastor e superintendente distrital, e trabalhou com mais de 200 Equipas de Trabalho e Testemunho.

Os Garman trabalharam com igrejas ao longo de 24 dos afluentes do Amazonas, e viajaram milhares de quilómetros por rio e trilhas de caminhada para encorajar igrejas. Eles aposentaram-se com 45 anos de serviço, mas ainda passam bastante tempo na Amazónia, apoiando Equipas de Trabalho e Testemunho e dando apoio ministerial.

Prefácio

Remoto, Isolado. Primitivo. Ameaçador. Intrigante. Kusu é tudo isso. Com vistas sobre os rios Kusu e Maranhão, estava a casa de um jovem casal missionário no início dos anos 60. Eu era aluno universitário no Bethany Nazarene College (hoje a Southern Nazarene University), em Oklahoma, nos EUA, e todo o campus universitário estava entusiasmado com esta aventura na selva de Larry e Addie Garman. Rita, irmã de Larry, era uma das alunas, e assim todo o corpo estudantil estava fascinado pela chamada de Deus sobre as vidas deste jovem casal.

Eu já fui a Kusu. Quando viajei pelo Peru como superintendente geral, fiz questão de ir a Kusu. Não é o fim do mundo, mas como diz um amigo meu: "se te puseres de pé num tronco, podes ver o fim do mundo."

Foi em Kusu que esta aventura de 47 anos teve início para a família Garman. Num livro anterior, *The Amazon Call* [*A Chamada da Amazónia*], Larry começou a partilhar algumas das histórias desta odisseia de 47 anos. A minha esposa e eu lemos esse livro como parte do nosso tempo devocional com os nossos netos, quando eles passam a noite em nossa casa. Um dos nossos netos, Spencer, deu o seu coração ao Senhor quando Patti orou uma noite, depois de lermos um capítulo.

Deus faz coisas extraordinárias com pessoas comuns - gente como você ou eu - quando estas se rendem completamente a Ele. Deus tem feito coisas extraordinárias através de Larry e Addie Garman! A sua vida não vai ser a mesma depois de ler estas histórias.

Venha comigo, vamos caminhar pela selva, navegar o indomável Rio Maranhão, ir calmamente numa trilha remota, sentar numa cabana nativa por um tempo, e celebrar a incrível graça de Deus e a rendição total de um casal à vontade de Deus.

A rendição de Larry e Addie Garman continua até hoje!

"Quão belos são os pés dos que trazem as boas novas!" (Rom. 10:15)

—J. K. Warrick, Superintendente Geral,
Igreja do Nazareno

1 Vingança

VINGANÇA I

A canoa deslizava suavemente sobre as águas do rio Kusu, enquanto os seus dois ocupantes apreciavam a serenidade e beleza da selva tropical. O velho, sentado no assento talhado à mão na parte traseira da canoa, mergulhou o remo na água, com remadas longas e profundas. Estas propulsionaram a lustrosa embarcação para mais perto da margem e das ramadas de árvores que proporcionavam abrigo do intenso calor do abrasador sol tropical.

Os seus braços fortes e bronzeados relaxavam depois de cada remada, permitindo que o remo funcionasse como leme, dirigindo a canoa numa linha recta ao longo da margem ribeirinha. Cabelo negro e comprido cobria ombros encurvados pela idade. Tatuagens redondas azuladas davam proeminência às suas maçãs do rosto. A sua face estava gravada com rugas profundas e ásperas, de anos de fechar os olhos ao olhar para um sol forte. Os pés descalços, fortes e com calos de andar por incontáveis trilhas, descansavam confortavelmente no chão salpicado de água da canoa.

O design e forma da canoa não mudaram em séculos de uso. Estes hábeis naveg-adores vão por muitos dos rios e riachos do Amazonas. As suas casas são sempre construídas perto de vias navegáveis, que providenciam ao mesmo tempo transporte, pesca, água para banho, e fontes de água para uso doméstico.

Canoas de vários tamanhos são os principais veículos para transporte na selva tropical. Elas providenciam mobilidade das casas para a vila, zonas de caça, jardins ou hortas, zonas de pesca e outras vilas e aldeias.

A sua esposa estava sentada num pequeno banco de balsa na frente da canoa. Ela usava o típico vestido de uma só peça, feito de um pedaço de pano atado no ombro direito, e apertado na cintura por uma liana. À noite, ela desataria o nó para usar o vestido como coberta.

Ela era frágil e pequena, pois anos de enfrentar os elementos tinham deixado marcas na sua aparência física. Os seus olhos bondosos, de avó, miravam o céu, buscando sinais de que o tempo iria mudar. O céu apresentava um lindo azul, com nuvens de algodão, navegando vagarosamente. A atenção dela estava na água levemente ondulada, que reflectia o seu semblante. Por um longo momento, ela contemplou a face idosa que a encarava desde as profundezas.

Uma mão pequena, esguia, tocou gentilmente aquelas bochechas, gravadas pelo tempo. O seu dedo elegante esboçou mecanicamente a tatuagem do círculo azul que ao longo dos anos tinha perdido cor. Lembrava-se vividamente do dia em que as tatuagens foram feitas na sua face, como marcas de beleza com o corante vegetal usado pelo seu povo.

De seguida, ela observou o pequeno buraco redondo no seu lábio inferior. Nunca esqueceria o dia em que foi feito, para receber um pedaço de bambu com 7.5cm, ou um pequeno eixo de osso, que subia e descia enquanto falava.

Lembrava-se de dançar ao ritmo dos tambores, depois de ter pintado a sua cara com a pasta vermelho vivo de sementes de *achiote*, e ter adornado as peças triangulares de caracol gigante num cinto em tecido, usado à volta da cintura.

Além da reflexão, um movimento capturou a sua atenção. O passado esvaneceu-se ao mesmo tempo que um peixe enorme nadou rapidamente para fora de vista. Entusiasmada, ela viu um cardume de peixes *bocachico*, esquivando-se pelas profundezas escuras com cada remada dada.

"Além!", gritou, e apontou para um objecto escuro no leito raso do rio.

Era um peixe *carachama*, com as suas ventosas firmemente plantadas a uma rocha. A memória das muitas vezes que ela tinha comido a carne suculenta desses peixes em dias de pesca comunitária, trouxe fortes emoções à baila.

Eventos de pesca comunitária são celebrações festivas em que toda a aldeia participa. Durante a época de água baixa, quando os rios ficam rasos, o povo observa cuidadosamente um riacho próximo, onde a água cascata sobre grandes rochas, e se derrama num enorme poço de água fria, grande e profundo. Toda a aldeia espera, querendo saber quando o chefe dará o sinal para o antecipado dia de pesca.

Finalmente, o dia chega. O anúncio está nos lábios de todos, e chega às aldeias vizinhas. No dia seguinte, centenas de pessoas estarão às margens do riacho.

De madrugada, as mulheres vão aos seus jardins para escavar grandes quantidades de *barbasco*, um veneno de raiz alcalóide. Carregam grandes cestos com estas raízes acabadas de escavar, e levam-nos às costas, com alças nas testas para suportar o peso.

As mulheres levam os seus pesados fardos pelas trilhas, depositando-os finalmente à margem do regato perto do enorme poço. Os homens levam os cestos aos rochedos, onde batem as raízes contra estes. Em breve uma substância branca escorre pelos rochedos, misturando-se com a água. Quando cestos cheios de raízes de *barbasco* são finalmente pulverizados, o rio tem uma aparência leitosa, branca.

O palco está pronto para uma cena que se desenrola como um filme bem dirigido. A selva inteira parece paralisada, e o único som é a água a bater contra os rochedos. As mulheres ficam à margem do regato, com machados erguidos. Os rapazes fixam os olhos na água, com lanças em riste. As meninas acocoram-se perto de cabazes gigantes, esperando impacientemente pela colheita de peixe. Os homens estão de pé, nos rochedos, olhos fixos nas profundezas da água.

Uma eternidade parece passar antes que os pequenos objectos negros sejam visíveis a emergir da água. Quando o *barbasco* está totalmente misturado com a água, e flui pelas guelras dos peixes, estes ficam contundidos, e vêm à superfície, buscando oxigénio.

Nesta altura, o grito soa, e cinco horas de confusão seguem-se. As mulheres, e os seus machados, entram no rio, batendo nos peixes. Agarram os peixes contundidos, e atiram-nos para a margem do rio. Os rapazes arpoam os peixes com as suas lanças, e atiram-nas para a margem do rio, onde as meninas enchem os cabazes o mais rápido que podem.

Entretanto, os homens mergulham no poço, à procura do peixe carachama, que se fixa aos rochedos com fortes ventosas. Os homens tiram-nos dos rochedos, e ou os mordem ou batem-lhes a cabeça na rocha, para os atordoar, e amarram-nos numa liana que seguram entre os dentes.

Todos participam, e todos apanham algo – uns mais, outros menos. Em breve não há mais peixes, e todos se dirigem rio abaixo, a 50 metros de distância.

Durante a manhã, quando as mulheres estão a colher o *barbasco*, cada homem constrói uma armadilha de bambu, com cerca de 60cm. Estas armadilhas são depois amarradas umas às outras, até alcançarem o vão do rio. Os peixes que escaparem às mãos ambiciosas rio acima, serão apanhados nas armadilhas rio abaixo.

15

Cada homem colhe os peixes apanhados na sua armadilha. A abundante apanha de peixe é partilhada com orfãos, viúvas, e os idosos que não podem participar fisicamente no dia de pesca. Nessa noite, à luz de várias fogueiras na aldeia, todos se fartam de peixe.

Vindos da sombra das árvores pendentes, entrando nas áreas a descoberto perto de uma curva no rio, os dois viajantes sentiram o calor abrasador do sol vespertino.

Silenciosamente, a canoa abriu a água, passando lindos jardins de *yuca*, papaia, e bananas a amadurecer. Ocasionalmente, um bando de papagaios, voou ruidosamente, para alcançar uma nova área de ninhos, quebrando a monotonia da viagem.

Despercebidos aos dois viajantes, dois homens estavam escondidos por trás dos arbustos, perto da próxima curva do rio. O duo esperava pacientemente, com espingardas carregadas, com a aproximação do inocente casal.

Os dois homens eram irmãos com um propósito comum. Um era Kunchiwi, que, juntamente com a sua esposa, Justina, e os seus filhos, vivia a apenas algumas curvas rio acima da estação da missão, e eram amigos dos missionários.

Homem Aguaruna

Conhecemos Kunchiwi pela primeira vez quando veio à nossa igreja no seu etipak, uma saia para homens, feita com um pano rectangular, atado à volta da cintura com uma liana fina. Ele veio descalço, usava uma coroa de penas de papagaio na cabeça, e a sua cara estava pintada de vermelho, com uma pasta de sementes de achiote vermelhas, esmagadas. Ele sempre vinha à igreja com a sua velha e ferrugenta espingarda de calibre 16.

Um domingo de manhã, eu estava a pregar, e entusiasmei-me acerca da mensagem, desejando ver este povo conhecer o Salvador, e a tomar um compromisso com o Senhor.

De repente, Kunchiwi saltou, brandindo a sua espingarda, a querer comentar o sermão. O povo tinha vivido durante séculos sem a palavra escrita. Eles dependiam das tradições orais para passar, de geração em geração, a história, genealogias, costumes, cantos de guerra, e actividades espirituais do seu povo. Numa reunião comunitária, todos falam ao mesmo tempo, até chegarem a um consenso.

Apesar de surpreendido ao ver o guerreiro brandir a sua arma, decidi deixá-lo falar. Kunchiwi deu uma opinião muito animada acerca do assunto, exortando o povo, ao mesmo tempo que brandia a arma. Em breve, sentou-se, com a arma ao lado, e eu, cuidadosamente, continuei com a mensagem.

Justina era uma mulher índia, alta e forte, que vinha todos os domingos à igreja com todos os seus filhos. Ela era incrível, e cheia de recursos. Um dia ela perguntou se queríamos comprar um cacho de bananas. Disse que sim.

Ela voltou à canoa, agarrou um cacho que provavelmente tinha 50 quilos. Atónito, vi-a a agarrar o cacho, pô-lo ao ombro, e subir duas colinas, para depois depositar o cacho aos meus pés.

Fui buscar o cacho para o pôr na nossa despensa, mas mal consegui movê-lo. Para minha vergonha, reparei que Justina estava grávida, de seis ou sete meses. Que mulher!

O dia das mães ia ser em breve, e a minha esposa, Addie, anunciou à congregação que no próximo domingo teríamos prémios para a mãe mais idosa, para a mãe mais jovem, e para a mãe com mais filhos presentes na escola dominical do dia das mães.

Isto era algo novo, e interessante, porque ninguém tinha recebido um presente antes. Todos estavam entusiasmados, e mal podiam esperar para ver os prémios.

O dia das mães chegou, e o povo veio por trilha, canoa, e barco para este encontro histórico. A igreja estava a abarrotar com povo sorridente, impaciente, a encher cada banco no nosso pequeno edifício. Na colina íngreme com vista directa para a pequena igreja, havia mulheres sentadas em folhas de bananeira acabadas de cortar. Uma vez que as paredes tinham pouco menos de um metro de altura, elas podiam ver e ouvir tudo o que se passava lá dentro.

O entusiasmo crescia a cada momento, visto homens, mulheres e crianças anteciparem grandemente o dia.

Finalmente, chegou o momento de perguntarmos quem era a mãe presente mais idosa. A competição foi reduzida a duas senhoras idosas, a quem convidámos a vir à frente da igreja. Ambas eram pequenas, dobradas pela idade, e vestidas com o típico vestido de uma só peça. Falei primeiro com a senhora à minha direita.

"Umbaju (amiga), que idade tem a senhora?", perguntei.

Ela olhou para mim estoicamente e respondeu: "Dekatsjai (não sei)."

Imediatamente olhei para a outra senhora e fiz a mesma pergunta, à qual recebi a mesma resposta "Dekatsjai."

Bem, estávamos a começar bem, visto nenhuma delas saber a sua idade. Apercebi-me que naquela cultura a idade não é importante. Dias de anos e aniversários e não existiam numa cultura sem a palavra escrita – portanto não havia registos.

Addie esperou ansiosamente para entregar a uma delas o prémio, mas tínhamos chegado a um impasse.

Visto isso, iniciámos o longo processo de perguntar quantos filhos cada uma tinha, para nos ajudar a estabelecer qual delas seria a mais idosa. Finalmente, e por processo de eliminação, atribuímos o cobiçado prémio a uma delas, e seguimos a estabelecer quem seria a mãe mais jovem. Essa foi uma selecção muito mais simples, porque todos imediatamente apontaram para uma menina de 14 com um bébé recém-nascido.

Sentindo-se melhor quanto à situação, chegámos à última categoria: a mãe com mais filhos presentes. Justina, a esposa de Kunchiwi, foi a vencedora.

"Justina," perguntei, "quantos filhos tens aqui presentes?"

"Dekatsjai" respondeu ela.   "Outra vez, não!" murmurei.

Imediatamente, lembrei-me que não é importante saber quantos, mas sim saber quem são. Numa sociedade não-economizada, não é importante lidar com números. Fiquei confuso e envergonhado com a minha demonstração de ignorância.

"Justina," pedi-lhe, "aponta-me todos os teus filhos, e conta-os usando o vosso sistema para contar." Ela começou a contar, baixando um dedo de cada vez. Viu um menino nu, a correr para dentro e fora da igreja, e disse: "Makichik (um)."

A seguir viu a sua filha, sentada com as mulheres, baixou outro dedo e disse: "Hemag (dois)."

Contou um após o outro, "Kampatum, Ipatsumat," e finalmente mostrou um punho cerrado para "Uwijamwa (cinco)."

Olhou em volta e viu um outro filho, sentado sob uma árvore. Usando o punho, ela baixou um outro dedo, e disse, "Uwijamwa makchiki ijuk (seis)."

Justina pausou, com um ar confuso, e obviamente queria baixar outro dedo, mas não conseguia encontrar o sétimo filho. Sem dúvida ela tinha contado todos de manhã antes de irem para a igreja, mas não conseguia encontrá-lo em lado nenhum.

Olhou da secção dos homens para o lado das mulheres, mas sem sucesso. Olhou para as traseiras da igreja, e para a colina, onde um grupo enorme de mulheres e crianças estavam sentados em folhas de bananeira. Desesperada, ela procurou-o em cada lugar possível com os seus olhos escuros, mas sem sucesso. Esperámos pacientemente, sabendo que ela ganharia o prémio, com seis crianças presentes. De repente, a sua face abriu-se num sorriso alargado. Justina apontou para a frente do seu vestido e para o bébé que estava a amamentar, e de que ela se tinha esquecido. Ela ganhou o prémio do dia das mães; e escusado será dizer que nunca tentámos isso outra vez.

O outro homem à espera com Kunchiwi era o seu irmão, Esamat. Esamat vivia na aldeia de Kagka, a um dia de viagem pelas trilhas e caminhos - não muito longe do rio Cenepa.

Ambos espreitavam pelos densos arbustos, enquanto a canoa deslizava lentamente pela água na sua direcção.

Ela mudou de posição, de um lado para o outro no banco, para acordar as pernas. Quando passaram a curva no rio, tanto ela quanto ele taparam os olhos do sol vespertino. Com olhos semicerrados, viram ao longe as montanhas ao longe, por trás da aldeia de Chigamai, a cerca de 20 minutos de distância.

A paisagem da selva tropical que se lhes deparou era incrível. As colinas majestosas, cobertas de vegetação verdejante, estavam reflectidas no rio sinuoso, que se desenrolava perante eles nesse paraíso incólume.

O velho manobrou o remo habilidosamente de um lado para o outro da canoa, mergulhando-o gentilmente na água, com remadas fortes, manobrando a velha canoa mais perto da margem. Estavam ansiosos pelos dias que iam passar na aldeia com família e amigos. Tinham visitado Chigamai mais do que uma vez, especialmente durante o mês de Março, a estação de *tayu*.

Todos os anos havia uma migração para esta aldeia pitoresca, para caçar o pássaro *tayu* (guácharo). Há muitos anos atrás, tinham sido descobertas cavernas profundas, subterrâneas a cerca de quatro horas de caminho da aldeia. Estas cavernas eram frias, húmidas, escuras e agoirentas. Mas os pássaros guácharo têm hábitos muito parecidos com os dos morcegos – também eles são quase cegos, e vivem nestas cavernas escuras onde têm ninhos. O guácharo é nocturno e deixa as cavernas ao crepúsculo, voando grandes distâncias antes de voltar de madrugada. Eles alimentam-se de nozes oleosas, e por isso são gordos e cobiçados pelo povo devido à sua deliciosa carne gorda, apesar de serem feios e terem bigodes longos, e espalhados por toda a face.

Em Março eles nidificam com as suas crias. O povo faz longas escadas de lianas firmes, para descerem às cavernas, com lanternas. Só os mais corajosos descem às entranhas da terra para agarrar os pássaros guácharo dos seus ninhos.

Colocam estes pássaros de cara pré-histórica em grandes cabazes. Trepar de volta, em escadas de liana oscilantes pode fazer até mesmo os mais corajosos perguntarem-se se vale a pena o esforço.

Há algumas gerações atrás alguns homens tinham descoberto estas cavernas, e tornou-se como que uma lei que eles determinam quando os pássaros podem ser caçados, e quem os pode caçar.

Quando esses homens faleceram, os direitos das cavernas ficaram com as suas famílias. O povo, que é extremamente generoso, geralmente convida grandes números de familiares e amigos para participar cada ano nesta inusitada expedição de caça.

Os dois homens ouviram o remo mergulhar na água e sabiam que a canoa estava perto. Os seus dedos fortes, cheios de calos, automática e metodicamente agarraram o cabo de madeira das suas armas ferrugentas, mas bem oleadas.

Estas armas tinham sido obtidas durante a era do boom da borracha, quando a seiva das árvores de borracha (leite de caspi) estava em grande demanda. Durante o início do século XX, a Amazónia era famosa pela abundância deste produto natural da sua floresta tropical.

Iquitos, no Peru, e Manaus, no Brasil, eram portos chave para a comercialização deste cobiçado produto. O povo trabalhava diligentemente, colhendo a seiva, e preparando as bolas grandes e pretas acinzentadas que seriam transportadas em enormes jangadas de balsa para Iquitos, a 600 milhas de distância. Um dos traficantes locais tinha cortado as lindas e altas árvores de balsa que se alinhavam à margem do rio Maranhão. As árvores foram então despojadas da sua casca, que foi usada depois para laçar os maciços troncos flutuantes, transformando-as em jangadas enormes.

Uma plataforma feita de canas selvagens estava em cima de estacas de bambu, que tinham sido enterradas nos troncos de balsa a diferentes ângulos e atadas com lianas flexíveis e fortes. Era aí que se localizavam os dormitórios da tripulação para a viagem de dez dias para Iquitos. As bolas de borracha eram pesadas e anotadas num caderno com o nome do dono.

As pesadas bolas de borracha eram colocadas na jangada, juntamente com provisões para a longa viagem pelo rio. Estas provisões consistiam de ramos de bananas para cozinhar, mandioca, e troncos secos para combustível. Um telhado de palha protegia os ocupantes tanto de sol abrasador como de chuva torrencial.

Dois remos imensos eram montados num tripé, feitos de grandes postes, à direita e à esquerda da pesada embarcação, para a guiar através dos rápidos, e remoinhos do turbulento rio.

Finalmente, a jangada completamente carregada, era solta da margem, e descia o rio atravessando as correntes traiçoeiras que a enviavam rio abaixo. Os remadores lutavam para corrigir o rumo da embarcação e mantê-la na corrente principal, ao mesmo tempo que evitavam obstáculos, como rochedos gigantescos, parcialmente obscurecidos pela água. Árvores parcialmente submergidas, desenraizadas durante a estação alta da água, e enterradas no fundo macio do rio, aguardavam para agarrar qualquer objecto que se movesse na sua área.

A tripulação pescava e ocasionalmente ancoravam à margem para caçarem. O rio providenciava um local para se lavarem, e para água para o seu limitado uso doméstico. A viagem era longa e chata, dias e noites solitários, com os viajantes ocupados em escapar os pernilongos de dia e os mosquitos à noite.

Passando o rio Cenepa, a jangada aproximava-se do desfiladeiro e dos rápidos de Huaracayo, quando o sol mergulhava no horizonte a oeste. As árvores à margem do rio lançavam as suas sombras sobre a água, e o ar tornava-se húmido e pesado, o que causava os homens a posicionarem-se por trás dos pesados remos, cientes de que depois da próxima curva vasta e larga as águas ferventes dos rápidos estavam à sua espera.

Um dos homens colocava os itens vulneráveis na plataforma, atando-os com lianas fortes. A água caía em cascata sobre os enormes rochedos, que se erguiam do leito do rio como afloramentos de braços maciços, impulsionando a corrente rio abaixo pelas margens escarpas do Huaracayo. Os homens gritavam instruções uns aos outros, e punham toda a sua força na manobra dos remos, desesperados na intenção de manter aquela fortaleza flutuante à tona, evitando os ameaçadores rochedos que abundavam o curso fluvial. Transpiração acumulava-se e pingava dos seus braços bronzeados, com todo o esforço que eles colocavam nos remos.

A jangada chegava demasiadamente perto dos rochedos semi-submergidos, o que a tombava perigosamente para um lado, antes que se equilibrasse e continuasse rio abaixo, seguramente apanhada pela corrente principal.

21

Um suspiro de alívio ecoou em toda a jangada, com os homens a relaxar os seus ombros doridos, e a força a segurarem os remos, agora usados como lemes. Lentamente, a pesada embarcação flutuou nas águas calmas abaixo do Huaracayo. Exaustos, os homens guiavam-na em segurança até à margem, e ancoravam para a noite.

O céu estava repleto de nuvens pesadas, que antecederam o murmurar de trovoada. Uma brisa suave sentia-se no ar, e os homens apressaram-se, colocando todos os mantimentos perecíveis debaixo do telhado de palha. Felizmente tinham cozido uma grande quantidade de mandioca e bananas verdes durante a tarde, juntamente com umas piranhas negras que pescaram de manhã.

Relâmpagos brilharam mais perto, e iluminaram o céu à volta deles. Trovoada rugia cada vez mais perto. As primeiras gotas de água salpicaram os seus corpos cansados, afugentando-os para o refúgio do telhado de palha. Amontoaram-se juntos enquanto o vento soprou e a chuva assolou o telhado. Mãos cansadas levantaram longas folhas de bananeira, para usar como guarda-chuva, para ajudar a escapar da chuva fria que os chicoteava.

Uma eternidade pareceu passar antes da tempestade se ir. Olhos ensonados sucumbiram à exaustão do primeiro dia da longa viagem até Iquitos. O coaxar das rãs providenciou pano de fundo, e a jangada balançava gentilmente na água estagnada.

A manhã chegou com um nevoeiro cerrado assente nas margens do rio. Aqueceu-se café, e uma brisa soprou pela embarcação, arrefecendo os homens até aos ossos.

No rio, um sol assolador geralmente segue o nevoeiro matinal. Os homens devoraram o pequeno-almoço de café adoçado, ovos cozidos, e mandioca, enquanto a jangada passou a aldeia de Urakusa. A jangada passou depois Ciro Alegria, e depois disso a sossegada pequena cidade de Nieva foi avistada, empoleirada em ambas as margens do rio que tinha o seu nome.

O Nieva esvazia as suas águas no Maranhão, dando azo a grandes contracorrentes. Os remos foram trancados no seu lugar, e o Nieva desapareceu à distância com os últimos vestígios do nevoeiro a darem lugar a um ardente sol tropical.

Por volta das duas da tarde Pinglo foi avistada. Pinglo é um pequeno posto avançado do exército, na boca do muito maior rio Santiago. Os homens podiam ver a última cordilheira, a erguer-se por trás do posto militar, montanhas que separam a selva alta da selva baixa.

Os homens falaram rapidamente, e apontaram para a última grande barreira entre eles e a selva baixa, o desfiladeiro de Manseriche. Remaram com grande *esforço, para manter a jangada no meio do rio. Pouco depois a força do Santiago entrou no Maranhão, criando uma onda crescente que deu meia-volta à jangada. Nesse ponto, o encontro dos dois rios tem cerca de meia milha, de margem a margem. Os homens sabiam que dentro de 15 minutos iriam passar o desfiladeiro contorcido, turbulento, e com apenas 100 metros entre as margens. Prepararam-se para o assalto a Manseriche. Ancoraram itens avulso com lianas fortes. Inspeccionaram a jangada procurando quaisquer fraquezas que teriam de ser fortalecidas com lianas superfortes, trazidas a bordo para esse propósito. Verificaram os postes dos remos, e ataram-nos para dar mais apoio.*

A jangada entrou neste longo, tortuoso e estreito trecho entre as montanhas na descida para o outro lado.

O desfiladeiro tem quase seis quilómetros e meio de distância, com paredes íngremes de cada lado. Visto ambos os rios bombearem água no desfiladeiro, criam uma pressão incrível, o que causa ondas selvagens e remoinhos. A jangada foi apanhada nesta espiral descente, contorcendo-se para um lado e para o outro, com os seus ocupantes a agarrarem-se com unhas e dentes.

A água cascateava pela jangada enquanto esta mergulhava nos enormes fossos formados pelas descidas abruptas no leito do rio - o rio desce 60 metros ao longo de 6 quilómetros. Um rugir ensurdecedor enche o ar, a água a bater nos enormes rochedos.

Os olhos dos homens estavam fixos na próxima recta que acabava na maior das quebras do desfiladeiro. Um enorme grupo de rochedos força a água a rebater dos seus lados inclinados, obrigando-a a entrar na corrente principal.

"Segurem-se!"

O grito surgiu acima do barulho da água turbulenta e estrondosa. A jangada foi levada de um lado para o outro, apanhada numa enorme misturadora aquática. Os remadores abraçaram fortemente a estrutura, segurando-a desesperadamente, cientes do incrível percurso que os esperava.

A jangada subiu na crista de uma onda enorme, e o fundo do rio desapareceu; e a jangada mergulhou, batendo no buraco com uma força esmagadora.

A água jorrou em cima da jangada, abanando-a com uma fúria violenta, que ameaçou desfazê-la. Quando tudo parecia sem esperança, a embarcação veio à tona de água e continuou o seu caminho rio abaixo, como se uma mão gigantesca a tivesse levantado de devastação certa.

As paredes abertas do desfiladeiro disseram aos homens que a louca viagem estava quase a acabar. Águas serenas deram-lhes as boas vindas, e continuaram a jornada para Iquitos.

Então o comerciante vendeu a sua carga, e comprou abastecimentos e produtos para vender, para transportar na viagem de volta. Os produtos para venda consistiam de machetes, tecido, espingardas, munições, tachos, panelas, e uma variedade de itens ansiosamente esperados.

Os dois homens puseram as suas espingardas ao ombro, e apontaram-nas por entre os arbustos que alinhavam a margem. Espreitando a canoa a aproximar-se, Kunchiwi murmurou quase inaudivelmente ao seu irmão.

"Estão a vir," disse. Apontou para um grupo de arbustos a mais ou menos 20 metros.

O nariz alongado e esbelto da canoa vinha vagarosamente na direcção deles.

O que teria trazido os homens a este lugar, nesta altura?

Esamat tinha ouvido que Ricardo, o filho mais velho de Kunchiwi, tinha sido assassinado rio abaixo, na aldeia de San Pablo. Ricardo tinha casado uma jovem de San Pablo e tinha-se mudado para lá, para morar com a família do sogro, durante um periodo extenso, como ditava a tradição.

Casamentos eram geralmente arranjados entre as duas famílias. Na maior parte das vezes, os pais eram bons amigos, e queriam fortalecer o relacionamento com um casamento. O acordo poderia ser feito muito antes do casamento em si tomar lugar.

Quando chegava a altura, o futuro genro era enviado para as profundezas da selva, para caçar. Quando voltasse, com caça, uma grande refeição era preparada e partilhada com toda a família. Uma cama feita de bambu era erguida num lado da cabana para o novo casal. Quando a refeição acabava, o casamento era consumado e os habitantes da casa iam para as suas camas respectivas.

O novo genro tem o dever de ajudar os sogros, cortando lenha, e completando outras tarefas domésticas. Depois de um ano ou dois, é-lhe permitido construir a sua própria cabana, um pouco abaixo na trilha da cabana dos sogros. Todos os homens o ajudam.

Nessa altura a sua mulher já terá um bebé, com outro provavelmente a caminho. Quando a nova casa estiver quase acabada as mulheres começam a preparar um licor para a celebração que irá ter lugar quando a construção for acabada. Mastigam mandioca cozida, essencial na sua dieta.

A mandioca (iúca) é uma raiz tuberosa que cresce num caule. Esse caule produz várias raízes longas e grandes que são colhidas das suas câmaras subterrâneas, escondidas, depois de terem sido cultivadas por nove a doze meses. A casca grossa dessas raízes é retirada, e as raízes são cozidas em água. A mandioca é semelhante à batata, mas mais fibrosa.

Uma vez que as mulheres tenham mastigado bem a mandioca cozida, misturando-a bem com a sua saliva, cospem-na para dentro de um tacho de barro, colocado num tripé no meio da cabana. Uma folha de banana verde, fresca, é usada como tampa. O puré mastigado fermenta durante três dias e noites.

A saliva contém uma enzima que destila o amido em álcool durante o processo de fermentação. Três dias depois, o puré torna-se num licor bastante forte e intoxicante. Nessa altura quando a noite cai na floresta, os homens juntam-se para celebrar um trabalho bem feito. Beber e dançar vão durar toda a noite, e até ao dia seguinte.

A morte de Ricardo tinha causado bastante dor e tristeza a Kunchiwi, Justina e toda a família. Tinham passado alguns meses desde o assassinato, mas a memória tinha levado

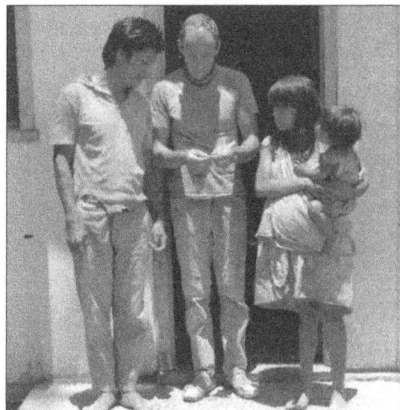

Ricardo, Larry, esposa e filho de Ricardo

Kunchiwi a buscar na sua cultura como resolver o assunto. Tinha sido ensinado, à volta da fogueira numa cabana, sentado aos pés do seu avô. O homem mais velho tinha recitado a longa genealogia do seu povo e as canções de guerra usadas em mortes de vingança. Esses ensinamentos tinham sido impregnados na mente de Kunchiwi com o passar dos anos.

"Tens que retaliar, e matar todos os membros macho da família que tirar a vida a um dos teus," tinha ouvido dizer os anciãos repetidamente.

Esamat tinha vindo para ajudar Kunchiwi honrar o nome da família e vingar-se da morte do seu sobrinho. O velho na canoa era um tio distante do homem que tinha tirado a vida a Ricardo, e assim o palco estava pronto.

Kunchiwi sentiu o fôlego de Esamat no ombro, quando ambos olharam pela mira das suas espingardas ferrugentas. Viram o velho sentado, com o remo no colo, enquanto a canoa deslizava na direcção da posição onde eles estavam.

"Agora!" disse Kunchiwi.

25

A explosão de duas armas quebrou a serenidade da floresta tropical. Pássaros voaram em todas as direcções. O velho gemeu e caiu para o fundo da canoa. Os gritos da esposa podiam ser ouvidos na aldeia próxima de Chigamai.

A mulher, aterrorizada, bateu no peito e puxou o cabelo na sua aflição. Indo ao fundo da canoa, ela soluçou sobre o corpo inerte do seu esposo.

Kunchiwi e Esamat escapuliram-se pela trilha principal, que os levava à cabana de Kunchiwi. Correram, pois sabiam que tinham que escapar para a longínqua aldeia de Kagka, para morar com as suas famílias, com o medo constante de retaliação.

Justina tinha os cestos cheios com todas as suas posses. As crianças, aterrorizadas, estavam escondidas por trás das pernas da mãe. Os cestos foram postos às costas de cada um, e a família deixou a sua casa de uma vida inteira à margem do rio Kusu.

"Temos que nos manter longe da trilha principal, e ir pelas trilhas de caça até estarmos longe da aldeia. Depois podemos ir pela trilha principal que nos leva a Kagka," Kunchiwi deu direcções numa voz tremente.

Ao ouvir o som de morte, os homens correram ao porto de Chigamai, desataram as canoas e remaram rapidamente na direcção desses gritos arrepiantes. Passando os pequenos rápidos, e a curva no rio, depararam-se com a canoa, com a senhora idosa, agarrada a um remo, desesperadamente a tentar chegar à margem.

Os homens puxaram a canoa para a margem, e ataram-na a uma árvore próxima. Reconheceram a mulher soluçante, e cobriram o marido dela com folhas de bananeira acabadas de colher. A canoa tinha flutuado alguma distância do local onde o ataque tinha acontecido, e os homens perguntaram-se quem poderia ter cometido tal crime. Não viram pegadas na margem e decidiram levar a mulher e o seu falecido marido para a aldeia.

A trilha de caça estava coberta de mato, e o progresso era lento, mas a família tentou apressar-se, ignorando os espinhos que cortavam os seus braços e lhes feriam os pés. Sabiam que tinham o tempo a favor quando puderam sair do trilho de caça e andar no trilho principal que os levava da aldeia deles em direcção a Kagka.

Na outra aldeia, o som de choro encheu o ar, perto e longe, quando as mulheres se juntaram à mulher idosa no canto de luto. Os homens de Chigamai decidiram investigar imediatamente. Encheram canoas, armados até aos dentes. Quanto chegaram ao ponto do rio onde tinham encontrado a canoa à deriva, ataram as suas canoas à margem. Espalharam-se ao longo da margem, à procura de sinais de onde os atacantes tinham estado.

Ali, no chão, estavam dois cartuchos vazios de calibre 16.

Mas, quem poderia ter cometido tal atrocidade, perguntaram-se.

Um deles lembrou-se que o filho de Kunchiwi tinha sido assassinado há alguns meses atrás, perto de San Pablo. O Ricardo tinha estado envolvido num triângulo amoroso, e o marido traído tinha-o morto a sangue frio.

"O velho, que foi morto, não era de San Pablo?" perguntou outro. Um guerreiro mais idoso respondeu que o homem morto era um tio distante do homem que tinha morto Ricardo.

Os homens correram pela trilha principal na direcção da cabana de Kunchiwi.

Treparam a colina, e viram a cabana. Silenciosamente, carregaram as armas e aproximaram-se de dois lados diferentes.

Seguindo a trilha principal, o grupo fugitivo apressou-se na direcção que eventualmente os traria a um local seguro, longe de Chigamai. As sombras estavam a invadir a floresta tropical, e o sol estava a pôr-se a ocidente.

Os homens chegaram finalmente à pequena clareira onde estava a silenciosa cabana de Kunchiwi. Não se ouvia um cão a ladrar, e não sentiram qualquer movimento de dentro da casa. Com armas em riste, eles cercaram a casa e gritaram,

"Kunchiwi!"

Não houve resposta.

Entraram na casa. Vazia.

A cabana estava silenciosa, e vazia de todas as posses. A escuridão cobria toda a selva, e os guerreiros voltaram à aldeia.

Justina tinha-se preparado bem para a longa viagem para Kagka. Pararam perto de um ribeiro para descansar e comer a mandioca cozida e bananas que ela tinha preparado. Os sons da floresta à noite estavam a sobressaltá-los por tudo e por nada. Sabiam que por esta altura a aldeia já sabia da traição deles. Sabiam também que era tarde demais para enviar uma patrulha de busca para os seguir. Tinham várias horas de avanço.

Salpicaram água na cara, e o grupo exausto continuou, mais uma vez, trilha abaixo, viajando noite adentro. A noite estava fria e húmida quando finalmente chegaram a uma clareira, onde poderiam passar a noite. Estavam a salvo, por agora, visto a escuridão consumir a floresta. Fatigado, o pequeno grupo dormiu em folhas secas, debaixo de um abrigo erigido rapidamente pelos homens.

O pranto continuou ao longo da noite, e os habitantes da aldeia fizeram planos para informar as aldeias vizinhas de Listra, e Chipe do assassinato. Outros iriam coordenar a tarefa de informar os parentes do homem, em San Pablo, a alguma distância, rio abaixo.

"São horas de irmos," murmurou Esamat no ouvido de Kunchiwi, abanando-o pelo ombro. Assustado, Kunchiwi agarrou a espingarda, e os seus olhos sonolentos despertaram.
"Acorda a Justina e os miúdos," disse-lhe. "Temos que ir imediatamente, para chegarmos a Kagka hoje."
Um raio de luz estava a brotar pela cobertura das árvores. As crianças resistiram acordar, mas finalmente estavam todos prontos. Cestos foram postos às costas de jovens e velhos, e os viajantes cansados continuaram pela trilha, mais uma vez. Os cães foram à frente do pequeno grupo, ladrando a todos os movimentos de pássaros e animais roedores que fugiam da intrusão no seu território.

Mais cedo, nessa mesma manhã, homens foram enviados às aldeias mais próximas, e um grande choro ergueu-se, especialmente em Chipe, onde o falecido tinha parentes. A matança por vingança estava na boca de todos, perto e longe. Um grupo de homens de Chipe levou uma canoa a Chigamai para transportar a esposa e o corpo inerte do homem idoso rio abaixo para San Pablo.

As crianças tinham fome, e estavam a chorar, quando o grupo fugitivo descansou a meio da manhã, para comer as últimas porções de mandioca cozida e bananas. Era a parte final da tarde quando chegaram a um jardim de maiores proporções, e sabiam que estavam perto de Kagka. Ver os jardins com plantações de mandioca, bananas e papaia animou os refugiados.
Atravessaram um pequeno ribeiro, e viram mais jardins. Finalmente, passaram uma cabana, com telhado de palha, e cumprimentaram os ocupantes. As novas das

aventuras e fuga tinham-se espalhado depressa. Quase todos em Kagka eram familiares de Esamat e do seu irmão, Kunchiwi, e assim o grupo foi acolhido de braços abertos.

Ao passarem uma enorme curva no rio, viram os telhados de palha de pequenas cabanas, pontuando as colinas ao longo do Maranhão. Á distância, estava San Pablo. A velha mulher, enojada com a dor de perder o seu marido, começou a chorar e a chamar o povo que estava à margem do rio.

As mulheres que tinham acabado de voltar das suas hortas lavavam a mandioca, amontoada perto dos seus cabazes. Crianças pequenas brincavam à beira-rio, a chapinhar e a atirar água umas às outras, enquanto os cães, sempre-presentes, corriam ao logo da praia, a ameaçar a canoa que se aproximava.

O pranto chamou a atenção de todos, e todos os olhos se fixaram na canoa que estava a flutuar para a margem. A mulher idosa explicou os acontecimentos do dia anterior, apontando para o fundo da canoa, onde jazia o corpo do esposo, embrulhado num cobertor.

Os ocupantes da margem exclamaram o seu espanto e correram para a canoa. Homens da aldeia apareceram de todas as direcções, e a cena na praia arenosa de San Pablo tornou-se caótica.

Os residentes de Kagka sabiam o que o futuro tinha para eles. Começaram a fortificar a aldeia para o ataque de vingança que eventualmente viria.

As paredes das cabanas foram reforçadas com uma camada dupla de bambu, com as camas dos homens colocadas nas paredes traseiras, longe da entrada das suas cabanas. Lanças de madeira de palma, longas e rijas, foram feitas e colocadas em locais estratégicos à volta da aldeia. Uma torre de madeira foi construída no perímetro da aldeia, para monitorizar qualquer movimento pouco habitual.

O corpo foi gentilmente retirado da canoa, e uma longa procissão de membros da família levou-o colina acima até chegar à aldeia. As crianças a brincar junto da trilha pararam e olharam para a fila solene de homens e mulheres a chorar. O sol brilhava intensamente quando o grupo em luto finalmente chegou à cabana da viúva.

Os costumes tribais ditam as práticas funerárias dos Aguaruna. Um bébé pode ser enterrado na cabana dos seus pais, e a família continuará a morar aí. Mas quando um homem mais velho morre, ele é enterrado na sua cabana, e a família abandona-a para morar noutro sítio.

As cerimónias fúnebres são stressantes e previsíveis. No caso da morte de uma criança, a mãe de luto fica a ver os homens a cavarem cuidadosamente uma sepultura rasa, com cerca de 91cm de profundeza. O fundo dessa sepultura é forrado com longas ripas de madeira de palma. A criança é embrulhada em pano, e o corpo é colocado carinhosamente nas ripas.

A atmosfera está carregada de emoções, com os pais da criança a soluçarem olhando para o seu rosto. A mãe atira-se para a sepultura, para abraçar a quem amou. Os homens seguram a mãe histérica, que então tenta fugir da cabana.

Rapidamente, os homens formam um círculo à volta dela, para que permaneça dentro da cabana. Ela luta com eles, bate-lhes nos braços, tentando desesperadamente quebrar o círculo, para escapar para a horta, desenterrar raiz de barbasco, e mastigar um pedaço cru deste veneno alcalóide, para morrer também ela.

Os homens sabem dessa intenção, e seguram-na até que a exaustão tome conta dela, e a mãe de luto desaba. O topo da pequena sepultura tem um nicho de 12 cm em todos os lados, para acomodar ripas de madeira de palma, que são depois cobertas com solo.

A pequena e frágil viúva ficou de pé enquanto os homens cavaram a sepultura dentro da cabana. Tomaram o seu tempo, para se certificarem de que a sepultura estava bem preparada. O marido foi então embrulhado num cobertor, e colocado nas ripas de madeira de palma que forravam o fundo da sepultura.

De seguida, colocaram junto dele um machete que ele tinha comprado há pouco tempo, visto a tradição ditar que um adulto deve ser enterrado com as suas mais preciosas posses.

Os dias tornaram-se semanas, e em breve vários meses passaram sem que houvesse um ataque vingativo em Kagka. O povo relaxou a sua vigília, e a vida retomou a sua rotina diária normal. Os mais velhos sabiam, no entanto, que o ataque eventualmente viria, quando menos estivessem à espera.

VINGANÇA II

Mortes por vingança eram prevalentes quando começámos a viver com a tribo em 1965. Costumes e tradições de tempos esquecidos que exigiam dente por dente e olho por olho, eram ainda praticados.

Um avô idoso colocaria o seu etipak entre as pernas, puxava um banquinho e posicionava-se junto ao fogo de três troncos no meio da cabana, para contar aos seus netos os costumes e tradições do seu povo.

Sombras tenebrosas dançavam nas paredes de bambu, enquanto meninos despidos ouviam as histórias contadas por estes grandes narradores. Estes grandes guerreiros sabiam como obter e segurar a atenção dos rapazes com detalhes gráficos das suas aventuras. As vozes deles subiam e desciam de tom, com ênfase dada ao misterioso desconhecido.

Os rapazes estavam quase hipnotizados com o entoar monótono dos anciãos. Tinham que memorizar as longas genealogias da sua tribo. À noite, os homens, bronzeados e enrugados, educavam-nos acerca da história legendária e mitológica da tribo, começando com *Apajui*, o criador deste povo.

Apajui viveu no enorme e coberto de nevoeiro Manseriche, o misterioso e gargantuesco desfiladeiro logo depois de onde os rios Maranhão e Santiago se uniam. Ele foi o seu criador, mas não era o seu Deus.

Os primeiros missionários tinham dito aos aldeões que queriam falar deles acerca de Deus.

"Deus de quem?" perguntaram.

"Quem vos criou?" perguntaram os missionários.

"Apajui criou-nos," responderam.

Apajui foi então incluído numa tradução recente de escrituras do Novo Testamento, sem problemas aparentes, até os missionários terem começado a falar de Apajui tendo enviado o Seu Filho ao mundo.

O povo disse, "Conhecemos o filho dele. É o irmão da filha imoral de Apajui."

"Não," objectaram os missionários. "Deus tem só um filho, um Filho santo."

"Não," insistiram o povo. "Apajui tem dois filhos, segundo as nossas lendas."

Apajui foi então removido das escrituras, e uma outra palavra tinha sido encontrada. Um grupo de linguistas tinha encontrado a palavra Quechua para Deus, utilizada pelo povo dos Andes, descendentes dos afamados Incas, *Tataiusa*. Substituíram Apajui por essa palavra na revisão das escrituras.

Contudo, quando leram o nome Tataiusa, os aldeões rejeitaram-no, porque ele não era o seu criador. Depois de muita consideração, Apajui foi restaurado, e com o tempo, o conceito foi aceite que o verdadeiro Apajui celestial tinha somente um Filho santo.

As crianças eram também instruídas no uso de datem, toe, ayawaska e tabaco (drogas vegetais) em rituais importantes que teriam que realizar para terem sucesso na cultura a largo. Meninos de 12 anos de idade usariam essas drogas em rituais de iniciação, para se tornarem homens.

Cada rapaz era instruído a levar a sua rede, e uma bolsa de ayawaska (um poderoso alucinogénio), para bem dentro da selva. Há noite, o rapaz estaria sozinho, excepto os sons dos animais de caça, à procura de presa, na cobertura acima, e no chão húmido a toda a volta. O rapaz atava a rede entre duas árvores e preparava a ayawaska dentro da bolsa numa bebida potente, que lhe causaria alucinações e o deixaria receber poder do mundo espiritual.

Quando a ayawaska tomasse efeito, ele deitava-se na rede, porque o seu corpo ficava plácido, e visões poderosas viriam-lhe. A maior visão que todos os rapazes queriam receber nas asas da águia, ou a poderosa boa deslizante, era tornar-se um grande guerreiro, capaz de lutar e defender a sua família e povo com a mortal lança de madeira de palma. A segunda mais desejada visão era que se tornasse um grande caçador com a zarabatana. A terceira visão positiva era que se tornasse um orador potente, e que falasse com autoridade.

O avô ensinava também às crianças quais alimentos a evitar para repelir as consequências drásticas resultantes de mordeduras de cobra e certas doenças. Eram ensinados acerca da influência de feitiçaria e os seus efeitos sobre a vida e a morte.

"A morte não tem causas naturais, mas sim de feitiçaria - portanto, alguém responsável tem que pagar com a sua vida," disse o avô.

Os rapazes memorizavam as canções de guerra que deviam cantar quando estivessem a levar a cabo mortes de vingança.

As palavras foram passadas por toda a aldeia de Chipe: "É altura de vingar a morte do nosso querido de San Pablo."

Tradições tribais ditam que o nome do falecido nunca seja mencionado, porque não é respeitoso, e poderia trazer consequências indesejáveis.

Todos os guerreiros de Chipe foram à reunião. Os homens mais velhos incitaram os guerreiros mais novos a participarem no ataque de vingança. Os homens decidiram que deixariam a aldeia no dia seguinte em canoas de guerra, e solicitariam mais guerreiros nas aldeias de Chigamai e Listra, a caminho de Kagka.

Nessa noite, em Chipe, os guerreiros prepararam-se para o ataque próximo. Olearam as suas espingardas e encheram os wampash (sacolas de caça) com cartuchos de espingarda que embrulhavam em folhas de bananeira secas, para evitar a humidade. Não queriam que as suas espingardas falhassem no disparo, dando oportunidade aos seus inimigos de retaliar.

Os homens juntaram lanças e ataram-nas em molhos, para a longa viagem. Afiaram os machetes, para cortar o mato.

Finalmente, à coberta da noite, os guerreiros tomaram ayawaska, para receberem as suas visões do mundo espiritual, para poderem ser guerreiros poderosos e invencíveis no ataque a Kagka.

Mães, esposas e crianças estavam aterrorizadas pela possibilidade de que os seus filhos, maridos e pais poderiam não voltar vivos do ataque a Kagka. A noite foi longa, húmida e fria em muitas das cabanas de Chipe.

Os homens levantaram-se antes do dia raiar para se prepararem para a viagem. Lavaram as suas bocas com água, purificando-se de contaminação. Segundo a tradição não se deve engolir saliva porque é considerada resíduo corporal que tem que ser eliminado, cuspindo e por limpeza.

Faziam uma pasta das sementes oleosas de achiote da árvore de *annatto*. As sementes crescem num cacho pequeno, na árvore; quando amadurecem, são extraídas e esmagadas para fazer uma pasta vermelha. Os homens pintavam as suas caras, peitos e braços em preparação para a batalha.

Chipe apresentava uma cena interessante nessa manhã. Guerreiros vinham de muitas cabanas e convergiam na margem do rio. Apresentavam uma imagem impressionante para aos aldeões.

Os efeitos da ayawaska fazia-os falar demasiadamente alto, com grande autoridade, e expressões poderosas de invencibilidade. Os seus corpos pintados brilhavam no sol que tinha subido a leste. Alguns deles usavam coroas de lindas penas de papagaio, vermelhas e amarelas. Quase todos os homens tinham uma espingarda ou lança no ar, gritando sobre o seu poder para matar o inimigo.

A aldeia viu os guerreiros desaparecer colina abaixo, em direcção às canoas à espera à margem do rio. Meninas agarravam as pernas das mães com medo. Meninos estavam sem fala, devido aos eventos hipnóticos deste drama, enquanto guardavam esta cena nas suas memórias para futura referência.

Os homens colocaram tudo nas canoas, e com braços fortes e bronzeados, propulsionaram as aparentemente frágeis embarcações rapidamente rio abaixo, pelo Maranhão, remos usados com perícia, remada após poderosa remada.

As canoas de guerra saíram do Maranhão para as águas mais calmas do mais pequeno rio Kusu. Á distância, os homens viram as montanhas a erguerem-se no horizonte - a trilha para Kagka que os guiaria por parte da selva.

Dois homens à frente de cada canoa pegaram fortes postes de 3 metros e mergulhavam-nos até ao leito do rio, usando-os para propulsionar a embarcação contra a corrente. Um homem atrás tinha um enorme remo, feito à mão, usando-o como leme, para guiar a elegante canoa. Os postes eram mergulhados ritmicamente no rio, cortando o rio com precisão.

Cada homem estava sentado, com os seus pensamentos, e somente o som ocasional de um pássaro ou animal o levava a quebrar um quase estado hipnótico. Alguns dos guerreiros mais jovens olhavam em frente, perguntando-se qual seria o resultado deste ataque planeado em território estrangeiro. Nunca tinham estado lá, e as suas mentes estavam cheias de "e se's". Na segurança da aldeia tinham sido levados facilmente pelo entusiasmo da aventura. Agora, perguntavam-se se seria uma decisão sábia. Mas era tarde demais para voltar atrás, e enfrentavam a realidade de que poderiam não voltar.

As canoas passaram curva após curva no rio serpentinoso. Navegaram os rápidos com sucesso, e estavam a aproximar-se de Chigamai. A chegada do grupo de guerreiros tinha sido antecipada, e um pequeno grupo de guerreiros pintados e armados estavam prontos para se juntarem a eles. Mais guerreiros entraram nas canoas. Menos de uma hora depois entraram no porto de Listra. Daí, teriam que viajar por trilha.

O grupo de Listra estava pronto e à espera de se juntar aos guerreiros. Planos foram feitos informalmente, e começaram ansiosamente na trilha, esperando chegar a Kagka antes de escurecer.

Estava uma manhã linda em Kagka. As mulheres saíram das suas cabanas com as suas filhas, para trabalhar nas hortas. Tinham cabazes às costas, com machetes dentro. Muitas tinham bebés ao peito, em frente dos seus vestidos.

Os homens iam noutras direcções com zarabatanas ao ombro. No outro lado tinham uma aljava cheia de dardos venenosos, para usar em animais pequenos que moradores da cobertura acima.

Os meninos estavam a brincar numa área aberta, a pontapear uma fruta redonda, dura, como se fosse uma bola de futebol. Os meses tinham passado desde a morte por vingança no rio Kusu, e a vida tinha-se assentado na sua rotina antiga.

Os homens apressaram-se pela trilha selvagem, parando a cada hora para descansar uns minutos e ensaiar o plano de ataque que iria ocorrer à meia-noite. Estavam nervosos, e evitaram conversa banal. O ar sob a cobertura da floresta estava quieto e muito húmido. Os homens estavam a transpirar profusamente, e solenemente marcharam na direcção do seu alvo de vingança.

O sol pôs-se a ocidente, lançando sombras sobre Kagka. O fumo dos fogos de cozinhar de inúmeras cabanas erguia-se por toda a aldeia. Os homens estavam a limpar os animais que tinham caçado durante o dia, ao mesmo tempo que conversavam, gesticulavam e riam acerca dos acontecimentos humorosos do dia. As crianças riam enquanto corriam nos últimos raios de luz do dia. Galinhas esgravatavam o chão, à procura de migalhas de comida. Cães escanzelados, com as costelas quase a sair da pele, descansavam nos sítios mais quentes no chão antes do sol desaparecer por completo. As mulheres tomavam conta das fogueiras, cozendo banana e mandioca para o jantar. Escuridão serena e linda rodeou Kagka.

O grupo de guerreiros parou num espaço que tinha sido limpo recentemente, e queimado para preparar o solo para uma nova horta. Sabiam que estavam próximos da aldeia. Juan deu um passo e chamou a atenção de todos. Ele era um guerreiro mais velho e experiente da aldeia de Chipe. Era também um primo distante do velho de San Pablo. De facto, Juan tinha encorajado e organizado os guerreiros de Chipe na sua vingança sobre o povo de Kagka. Conhecia bem a trilha e tinha visitado Kagka várias vezes.

Juan enviou duas sentinelas à frente do grupo, para monitorizarem a trilha, e terem certeza que não tinham sido avistados na sua caminhada pela selva. Apresentou os seus planos de batalha, desenhando os planos no chão com imagens de pauzinhos. Disse aos homens tudo o que se lembrava acerca do traçado da aldeia.

"Esamat mora nesta cabana," disse Juan, apontando com um pau. "Várias famílias rodeiam a sua cabana, e eles vão lutar até à morte. Não sei onde mora Kunchiwi, mas a sua cabana vai estar perto da cabana do irmão dele, Esamat."

"Eles são o nosso alvo principal. Quando os eliminarmos, vamos retirar para esta clareira, e escapar por esta trilha onde estamos. Os guerreiros de Chipe podem seguir-me," disse Juan, "e os homens de Chigamai vão defender o perímetro da aldeia deste lado da trilha. Os de Listra podem desviar a atenção da cabana de Esamat, enquanto a atacamos. Lembrem-se, discrição e silêncio são da maior importância. Não podemos acordar os cães que dormem no meio de cada cabana, ou eles vão trair a nossa presença e aí vai ser um caos total."

Juan continuou, "a lua cheia vai quebrar a cobertura das nuvens por volta da meia noite, e é aí que vamos atacar, quando eu der sinal. Quando estivermos em posição, vou disparar a minha espingarda para dentro da cabana de Esamat. Quando ouvirem o tiro, esperam até Kunchiwi aparecer com a sua arma. Quando o despacharem, apressem-se para o nosso local de encontro na clareira."

Uma brisa húmida soprou pelas brechas de bambo atado com lianas finas, que formavam as paredes de muitas das cabanas. À procura de calor, os cães chegaram-se às achas das fogueiras. Em cada cabana, as crianças amontoavam-se numa cama enorme, feita de bambo cortado ao meio, e cobriam-se com um cobertor feito de trapos, para se protegerem do ar frio.

Homens e mulheres dormiam no lado mais distante do quarto, do lado oposto à porta. Espingardas e lanças estavam em pé, encostadas à parede, junto a onde os homens dormiam. Todos estavam a dormir, na aldeia de Kagka, silenciosa, escura e confiante, naquela noite, nas profundezas da selva amazónica peruana.

A lua tentou desesperadamente furar as nuvens escuras e grossas que cobriam a selva. Os homens tremeram. Tinham acabado de comer mandioca assada, um ovo cozido, e uma mão cheia de amendoins cozidos, que cada um tinha trazido. Não se atreviam a acender uma fogueira para se aquecerem; isso poderia trair a sua presença.

Pequenos raios de luz lutaram para penetrar uma pequena abertura nas nuvens, mas desapareceram rapidamente. Os homens esperaram ansiosamente pela lua cheia. Ocasionalmente, tocavam o cano frio da espingarda, ou seguravam a lança, como que a praticar como trespassar uma vítima com ela.

Uma eternidade pareceu passar desde que tinham chegado à clareira. Ouviram animais a caçar na cobertura das árvores. Os seus instintos de caçadores vieram à tona com esses sons, mas nessa noite não, porque estavam prestes a caçar presa mais importante.

Num piscar de olhos, a lua banhou a clareira com raios prateados. A voz de Juan quebrou o silêncio.

"Tempo de ir."

Liderou o caminho até às sentinelas. Estava tudo a postos.

Os guerreiros deslizaram pela trilha, cuidadosos para não pisar em ramos secos ou avisar a aldeia de qualquer maneira. Depois da próxima curva viram cabanas a pontilhar as várias colinas, indicando que a aldeia principal estava perto.

O grupo de Chigamai escondeu-se nos arbustos no perímetro exterior da aldeia. Os guerreiros de Listra posicionaram-se no lado oposto à cabana de Esamat, perto do centro da aldeia. Figuras ensombradas cuidadosamente encontraram esconderijos perto das áreas sombrias das cabanas, à espera do primeiro tiro de espingarda para avançar.

O coaxar de rãs quebrou o silêncio mortal.

Em breve todos os guerreiros estavam em posição e prontos para vingança. Formigas cobriam os seus pés, ao mesmo tempo que mosquitos se banqueteavam nos homens tão quietos como estátuas.

Juan e alguns dos outros homens rodearam a cabana de Esamat. Dois homens em cada lado da porta, feita de postes erigidos entre duas cunhas no topo. Juan escapou-se para as traseiras da cabana, onde sabia que estaria a cama de Esamat.

A lua escondeu-se por trás de uma camada de nuvens. Esperou que reaparecesse. Devagar a lua, mais uma vez, iluminou a clareira.

Juan reparou que a liana que segurava os postes de cana estava quebrada, o que causava um pequeno buraco entre dois postes. Espreitou para dentro da cabana, e viu Esamat, a dormir profundamente. Rapidamente, enfiou o cano da espingarda na brecha e apontou para a vítima adormecida.

A adrenalina de Juan estava a correr, o seu coração batia fortemente, e o entusiasmo de meses de espera estava finalmente a dar frutos. Um pouco antes, ele tinha tirado um cartucho de espingarda da sua sacola de caça, e carregado a arma. Agora, tinha chegado o momento de justiça.

Os homens de Chigamai estavam ansiosos.

"O que aconteceu? Porque é que está a demorar tanto?" murmuraram.

Juan apertou o gatilho da sua arma antiga.

Boom!

A explosão ecoou por toda a aldeia. A vítima deu um gemido e ficou silenciosa. Gritos emergiram das cabanas simultaneamente. Cães ladraram. Crianças choraram.

Caos encheu a aldeia de Kagka.

"Alguém deu um tiro em Esamat! Alguém deu um tiro em Esamat!" gritou a sua esposa.

Os homens de Chipe, ao ouvirem que Esamat estava morto, escaparam-se para a trilha principal, pensando que os homens de Listra iriam dispor de Kunchiwi. Juan pausou para recarregar a sua arma. Apalpou a sacola à procura de um novo cartucho. *Bam!*

Juan caiu, agarrado à perna. Sentiu algo molhado e quente, e sabia que estava a sangrar de uma ferida profunda. Arrastou-se para as sombras, com a perna por trás dele. Viu homens a correr em todas as direcções, mas não sabia quem era quem à luz parda da lua.

Os homens de Listra foram surpreendidos pela rapidez da resposta dos homens de Kagka. Procuraram a face de Kunchiwi, mas não a viram aparecer. Tentaram retirar-se para a trilha principal, mas o caminho para a liberdade estava cortado.

Estavam em minoria.

Primeiro, caiu Ricardo, ferido mortalmente, depois foi Vicente quem sucumbiu a um tiro de espingarda. Juan sabia que tinha que escapar rapidamente, ou ele seria o próximo. Agonizante, rastejou até à beira da floresta, perguntando-se o que devia fazer depois.

Juan ouviu homens a correr na sua direcção. A lua escondeu-se por trás das nuvens, mergulhando a floresta numa escuridão total. No último raio de luz, viu os homens de Listra a correrem na sua direcção.

"E que tal, como correram as coisas? Mataram Kunchiwi?" perguntou Juan.

Pararam, reconhecendo-o nas sombras.

"Não, eles dominaram-nos. O Ricardo e o Vicente estão mortos," responderam.

"Apanhei um tiro. Ajudem-me a esconder-me."

Dois homens levantaram Juan e levaram-no pela trilha, para longe da aldeia.

"Deixem-me aqui," disse Juan. "Voltem para Listra."

Examinaram a ferida. Já não estava a sangrar, mas sabiam que ele não ia conseguir ir sozinho pela trilha de volta para Chipe.

"Está escuro agora, e os guerreiros de Kagka vão esperar até de manhã para monitorizar as trilhas. Temos mais três horas até o sol se levantar. Deixa-nos ajudar-te a distanciares-te da aldeia o mais possível, para te esconderes da trilha principal. Mandamos dizer a Chipe que mandem ajuda para te levarmos para casa."

A coberta da noite, os homens conseguiram carregar Juan para um lugar escondido. Um homem deu mandioca assada da sua sacola de caça a Juan. Despediram-se e desapareceram na noite.

Em Kagka, homens acenderam tochas para fazerem uma busca ao perímetro e se certificarem que não havia mais inimigos por perto. O som de pranto erguia-se da cabana de Esamat, com as mulheres a baterem no peito e a puxarem o cabelo, com a dor da perda. Os homens encontraram os corpos de Ricardo e Vicente e reconheceram-nos como vindos de Listra. Ataram Ricardo a um poste, e as mulheres cortaram o corpo sem vida com machetes, dando vazão ao seu ódio pela morte de Esamat.

A vida de Kunchiwi foi poupada nessa noite, mas ele nunca mais seria o mesmo. A morte do irmão dele encheu-o de dor, remorso e culpa. As suas lágrimas correram livremente, e ele lembrou-se dos cultos a que tinha ido em tantos domingos na estação da missão de Kusu.

Os guerreiros fugitivos pararam para beber de um ribeiro fresco e refrescante. Os primeiros raios de sol acariciaram suavemente a selva à volta, substituindo o frio da noite com calor. Exaustos, eles tinham corrido pela selva a maior parte da noite. Finalmente, os guerreiros das três aldeias emergiram solenemente da selva e reuniram-se à beira rio.

Os homens de Listra estavam devastados com a perda de Ricardo e Vicente. Os homens de Chigamai estavam todos presentes. Do grupo maior de Chipe só faltava Juan. Os dois guerreiros contaram acerca de terem ajudado Juan a escapar-se em segurança e explicaram onde a família dele o poderia achar.

O grupo de homens entristecido continuou de volta a Listra. O som de choro subiu quando os aldeões souberam que dois deles tinham sido mortos no ataque. O grupo, diminuído, finalmente despediu-se dos guerreiros de Chigamai e continuou para Chipe.

Chegaram por volta do meio-dia, e informaram o povo do que se tinha passado em Kagka. A notícia do ferimento de Juan trouxe mais choro das mulheres.

Na cultura Aguaruna mulheres e crianças nunca são alvos de mortes por vingança, e por

Vicente Jintash a ser baptizado pouco antes da sua morte

39

isso no dia seguinte, um grupo de mulheres deixou Listra para trazer os corpos dos seus amados de volta, para serem enterrados.

"Depressa," imploraram as mulheres. "E se ele sangra até à morte, ou o povo de Kagka o encontram e matam."

Homens foram escolhidos pela sua coragem e pelo conhecimento de onde Juan estava escondido.

Durante a longa noite Juan descansou nas folhas secas que os homens tinham preparado para ele. Tremia com a humidade, e cada músculo no seu corpo cansado estava a gritar por alívio. Ao longo da noite ele tinha ouvido sons que o mantiveram acordado. Insectos rastejaram por todo o seu corpo seminu, e pensou que a madrugada nunca mais chegaria.

À distância, ouviu os guerreiros de Kagka à procura. O seu coração bateu rapidamente. Estava cansado demais para escapar, e a perna doía-lhe demais para ele se mexer. Esperou no silêncio profundo, quase sem se atrever a respirar.

"Não pode ter ido assim tão longe depois de ter sido atingido," disse alguém. Com os sons dos homens a ficarem mais distantes, Juan suspirou de alívio, e adormeceu sob os raios quentes do sol.

O grupo de Chipe, fortemente armado, foi de numa canoa de guerra maior que os levou a Listra. Esperavam que a trilha os levasse a Juan. O sol pôs-se rapidamente no céu vespertino, lançando sombras misteriosas na selva tropical.

Juan estava com fome, sede e exausto. O seu corpo estava febril, e a perna estava inchada, quente e dorida. Estava entre a consciência e a inconsciência; pesadelos acerca do ataque de Kagka trouxeram-no abruptamente de volta à sua precária realidade. Tinha alucinações como se tivesse tomado ayawaska.

O grupo de busca marchou cuidadosamente ao longo da trilha inesquecível. Aperceberam-se que podiam estar a entrar numa armadilha, apesar de estarem longe de Kagka. Andaram em silêncio, ouvindo cuidadosamente para quaisquer sons que pudessem indicar uma armadilha. Eles não eram somente guerreiros, também eram caçadores. Eram treinados para interpretar os sons da floresta. A escuridão rodeou-os rapidamente, e o passo tornou-se mais vagaroso e deliberado.

Um dos homens que tinham ajudado Juan levantou o braço para parar o grupo de busca.

"O esconderijo é depois da curva, e à direita, a cerca de 50 metros da trilha, num matagal natural," sussurrou.

Lentamente os homens fizeram a curva, alertas a todas as direcções.

Deitado num estupor torpe, Juan ouviu pegadas. Agarrou a sua espingarda, determinado a não morrer sem dar luta.

"Juan! Juan!"

Através do nevoeiro que a dor lhe estava a causar, Juan reconheceu a voz do seu irmão Luís.

"Estou aqui," disse suavemente.

"Como estás?" perguntaram-lhe os homens, apressando-se para o seu lado.

"Cansado, com febre e com sede," respondeu.

Buscaram um cantil de água, do qual ele bebeu, com mãos trementes. O líquido salvador de vida correu pelos lábios ressequidos, e garganta seca. Sentinelas rodearam a trilha, enquanto outros fizeram uma maca de ramos e cobertores.

"Estamos seguros," murmuraram as sentinelas.

O grupo de salvamento marchou pela trilha de caminho a Listra, e suas casas, todos a tomar vez para ajudar a carregar o ferido. Quando chegaram a Listra, de madrugada, os seus corações partiram-se quando ouviram o pranto na aldeia, causado pelas mortes de Ricardo e Vicente.

Colocaram Juan na longa canoa, e remaram, passando Chigamai na sua viagem para Chipe. Finalmente, o grupo, exausto, chegou ao porto de Chipe. O choro tornou-se regozijo quando os aldeões viram que Juan estava vivo, realmente.

VINGANÇA III

Tradições de tempos imemoriais são difíceis de descartar.

Os aldeões de Listra, Kagka e Chipe ainda borbulhavam com ira, e com o desejo de se vingarem. Os homens mais velhos, que tinham vivenciado muitos ataques de vingança estavam cansados, e a imagem da noite em Kagka estava viva nas suas mentes.

Dias rolaram em semanas, semanas em meses e a vida retomou a sua normalidade na Amazónia. Mas havia um novo vento a soprar pela selva. O evangelho redentor de Jesus Cristo estava a chegar às aldeias que rodeavam a estação da missão de Kusu. Muitos dos aldeões de Chipe, Chigamai e Listra iam aos cultos de domingo, na pequena igreja branca na colina acima do rio Kusu.

Haviam mudanças dinâmicas a vir a todas estas aldeias, na forma de novos ensinamentos, como "Ama os teus inimigos" (Mateus 5:43-45)

Entretanto, passaram-se meses sem quaisquer resultados visíveis nos nossos altares. Parecia que as nossas pregações não tinham efeito nas vidas das pessoas. Quando havia uma chamada ao altar, os homens fixavam os olhos à frente, com os braços cruzados ao peito, como que a dizer: "Nós não perdoamos os nossos inimigos; matamo-los."

Não havia perdão naquela cultura. Dobrar os joelhos e pedir perdão eram sinal de fraqueza. Este povo guerreiro nunca tinha sido conquistado ou dominado por uma força estranha, por isso o orgulho tornava muito difícil eles curvarem-se a alguém.

Um domingo de manhã, Deus moveu-se. Da secção dos homens na igreja uma figura solitária ergueu-se e foi até à frente da igreja. Os seus pés descalços, grossos e cheios de calos das muitas trilhas que o tinham levado a inúmeros ataques de vingança, levaram-no ao altar. Cabelo negro, comprido, estava solto sobre os ombros largos.

Vi-o vir, e mal podia acreditar nos meus olhos. Ajoelhou-se na terra, ombros arfantes, soluços a abalar todo o seu corpo, e com lágrimas a correrem-lhe pela face, salpicando do altar para o chão de terra. Levantou os seus braços e clamou desesperadamente a Deus.

Nessa manhã, podia-se ouvir o silêncio na igreja. Todos os olhos estavam focados no homem ajoelhado no altar, a pedir perdão. Eu ajoelhei-me, orei e chorei com ele, enquanto Deus entrou naquele culto e começou uma nova obra.

O homem ali ajoelhado era ninguém mais que Luis, o irmão de Juan. Era conhecido pelas suas aventuras como guerreiro; Luis nunca tinha perdido uma batalha. O seu nome era reverenciado, e temido em toda a tribo por causa dos muitos homens que ele tinha morto em ataques de vingança.

Luis ergueu-se do altar um homem diferente.

Este era o avanço de que precisávamos. Ele começou uma escola dominical para homens, sob as árvores, e ensinou os homens das aldeias que rodeavam a estação da missão. Dois anos mais tarde, ele começou uma igreja em Chipe que se tornou uma das primeiras igrejas plantadas numa aldeia próxima. Em breve, a igreja foi plantada em Chigamai, Listra, Kagka e em aldeia após aldeia.

Povo dessas e de muitas outras aldeias começaram a preparar-se para o ministério, com cursos de um mês, que eventualmente resultaram na formação do Instituto Bíblico Nazareno.

Chamada ao altar na igreja

Uma onda de evangelismo varreu a tribo, e pelas trilhas e rios, permitindo que o Espírito Santo mudasse para sempre os corações do povo e da Amazónia superior.

Com o passar do tempo, também passou o desejo de continuar a prática imemorial de vingança. Os guerreiros mais idosos acharam todas as mudanças difíceis. Muitos pensaram que, uma vez que homens tinham morrido de ambos os lados, era tempo de pôr de lado a batalha.

Anos mais tarde, recebi notícias de Kagka, através de um delegado à assembleia distrital que Kunchiwi me enviara cumprimentos e que ele tinha aceite Jesus na sua vida, e estava a frequentar a igreja em Kagka. Também me informou que a filha de Kunchiwi e Justina ensinava uma aula de Escola Dominical na igreja.

Fiquei surpreendido com tais notícias, e lembrei-me novamente do poder do evangelho de Jesus Cristo.

"Agora te envio, para lhes abrires os olhos e das trevas *os* converteres à luz e *do* poder de Satanás a Deus." (Actos 26:17-18)

O Resgate de Barco

Raios de relâmpagos iluminaram o nosso quarto, e ouvimos o rugir de trovoada à distância. Uma briza suave soprou pela tela na janela, avisando-nos de uma possível tempestade tropical a começar.

Agarrei a minha lanterna, sempre pronta no chão, ao lado da cama. Com olhos sonolentos olhei para o meu relógio, e vi que era uma da manhã.

Mais uma vez, relâmpagos e trovoada soaram - agora mais perto. O vento começou a soprar mais forte, e os seus tentáculos frios e húmidos levaram-me a procurar abrigo debaixo dos cobertores.

O céu iluminou-se como se Deus estivesse a lançar foguetes, seguidos por explosões que abalaram a casa. Addie e eu puxámos os lençóis como se isso nos pudesse proteger do intruso ameaçador.

A princípio, gotas enormes de uma chuva vagarosa caíram no telhado ondulado. O céu estava quase constantemente iluminado por relâmpagos denteados, seguidos pelo som ensurdecedor de trovão. Repentinamente os céus abriram-se, e a chuva cascateou no telhado metálico com tal fúria que quase tínhamos que gritar para nos ouvirmos um ao outro.

Com os relâmpagos constantes, vimos rios de água a caírem dos vales do telhado. Mais uma vez olhei para o relógio. Às 3 da manhã, tanto a Addie como eu sabíamos que esta tempestade tropical poderia deitar entre dez e doze centímetros de chuva em duas horas.

A nossa casa estava numa esquina entre dois rios. O Kusu vinha da última cadeia baixa dos Andes, na beira da floresta da Amazónia. Muitos pequenos ribeiros alimentavam o geralmente tranquilo Kusu, que despejava o seu conteúdo no maior rio Maranhão, a cabeceira da Amazónia.

Tínhamos vivido muitas tempestades e sabíamos que o Kusu poderia subir entre 27 e 30 metros num curto espaço de tempo. O nosso pequeno porto no Kusu, a cerca de 50 metros de onde este se encontrava com o Maranhão, estava bem no caminho de uma cheia torrencial.

Os nossos dois barcos estavam atados à margem do rio, ao lado da jangada que tinha a bomba de água. Esta bomba providenciava água para os nossos tanques, que alimentavam a casa e a clínica. Com as águas a subirem, furiosas, os barcos estavam semi-submergidos, cheios pela chuva torrencial. E todas as embarcações estavam em perigo de serem arrancadas pelas correntes crescentes do rio Kusu.

Deitado na cama, sabia que tinha que enfrentar a realidade. Na minha mente, podia ver os barcos semi-submergidos, a puxar nas cordas que os seguravam à margem do rio. Imaginei os barcos afogados a serem arrancados, juntamente com a jangada, e a girarem para o rio, perdidos para sempre.

"Addie, temos que ir!" gritei. Saltei para o chão, e vesti-me. Ambos sabíamos a rotina. Ela acendia o fogão a querosene, enquanto eu chamava os rapazes: "Rusty, Greg, são horas de se mexerem."

Ambos os rapazes sabiam como as coisas funcionavam, e estavam à espera da temida chamado do Pai. Vestiram os fatos de banho, e encontrámo-nos todos na sala.

Relâmpagos brilharam por todos os lados, e trovões abalaram o chão. Olhámos pelas janelas enormes, com telas, para vermos os barcos e a jangada sacudidos pelo rio turbulento.

"Rapazes, cuidado. O chão e os barcos estão escorregadios, e vocês não querem cair num rio que não perdoa.

Com lanternas em mão, deixámos a protecção da casa. Gotas de chuva furiosa bateram nos nossos corpos seminus. O vento frio afugentou o pouco sono que ainda tínhamos nos nossos corpos cansados. Com a adrenalina a correr, aproximámo-nos do rio, a escorregar e deslizar pela lama. Vimos a jangada e os barcos a puxarem as cordas fortes.

Juntos puxámos os barcos e a jangada para mais perto da margem, atando-os seguramente, antes de embarcarmos neles. Os barcos estavam meio cheios de água, e tinham que ser despejados, antes que afundassem - o que não seria nada fácil enquanto eles balançavam na forte ondulação.

Pusemos as lanternas na boca, para pudermos usar as duas mãos para pôr água nos nossos baldes.

A chuva, inexorável, batia nos nossos olhos, e arrefeceu-nos até aos ossos. Com relâmpagos a brilharem a toda a volta, os trovões ecoaram nos barcos. Fixei um olho nos rapazes enquanto baldeávamos a água ritmicamente.

A Addie estava a aquecer água no fogão, para fazer café. Olhou pela janela e orou pela nossa segurança, entre os raios de luz. Candy e Tim juntaram-se a ela na cozinha, aterrorizados. "Mamã, o que se está a passar?"

Finalmente, os barcos já não tinham água e saltámos para a margem, tendo-nos certificado que estavam atados seguramente em águas mais calmas antes de irmos para a casa. Addie suspirou de alívio, e fez uma silenciosa oração de graças a Deus por ter protegido a sua família mais uma vez. Deu-nos uma toalha a cada um para secarmos os nossos corpos pegajosos. Acho que até os nossos arrepios estavam arrepiados. Depois disso deu-nos uma chávena quente de café doce a cada um. Tinha um sabor delicioso, ao afugentar a letargia e o calor voltar lentamente aos nossos corpos cansados.

Lentamente os relâmpagos dissiparam-se e os trovões desapareceram. Mais uma vez, a serenidade da floresta tropical voltou à sua rotina nocturna imemorial. O coral de rás anunciou-nos que amanhã seria um dia lindo, cheio de sol na Amazónia.

3
O Temido Escorpião

"Vou desligar o gerador," anunciei à nossa família, numa noite há muito tempo atrás. "Dave, queres vir comigo?"

Dave era um estudante universitário que nos estava a visitar durante o Verão. Ele tinha 1,96 de altura, e era bastante muscular. A selva era uma nova experiência para ele, e queria adaptar-se às suas novas redondezas.

"Sim, se faz favor," respondeu.

Morar numa área remota da Amazónia quer dizer que tínhamos que providenciar a nossa própria electricidade. Ao longo dos anos, tivemos vários pequenos geradores a diesel diferentes que nos davam electricidade para termos luz durante quatro horas cada noite e aos Sábados de manhã, para a velha máquina de lavar roupa, para a Addie poder lavar a roupa da semana.

Todas as noites, por volta das 10, eu ia à pequena cabana onde o motor e o gerador estavam, para desligar as luzes ao final do dia. Com lanternas nas mãos, Dave e eu seguimos a rotina nocturna.

A cabana era feita de bambo, com chão de terra batida e um telhado metálico ondulado. Lá dentro estavam barris de 250 litros de diesel, gasolina e querosene.

A querosene era usada para o fogão na cozinha, o frigorífico e lâmpadas. Duas ou três vezes por semana, eu enchia o pequeno tanque que estava fixo na parede da cozinha, por trás do fogão. O tanque estava a um metro acima do fogão, e a querosene corria por um tubo de metal para os bicos de fogão e o forno, propulsionada pela gravidade. O fogão exigia muita manutenção, e uma vez que estávamos tão longe de quaisquer lojas, tínhamos bastante partes suplentes à mão.

O frigorífico tinha um tanque removível um pouco acima do chão. Este tanque tinha um pavio enorme de pano, que absorvia a querosene. Acendíamos o pavio e ajustávamo-lo até termos uma chama azul, que produzia calor. Então colocávamos uma chaminé de vidro por cima do pavio, e que estava ligada a um tubo de metal, que aquecia o freon, produzindo a temperatura fria que mantinha a refrigeração.

O pavio tinha que ser aparado uma vez por semana para manter a chama azul. Quanto mais azul a chama, mais frio o frigorífico. O tanque de querosene tinha que ser cheio duas vezes por semana. Fazíamos isso levando um barril de 22 litros cheio, e usávamos uma mangueira como sifão.

Púnhamos o garrafão numa banqueta, e inseríamos um dos lados da mangueira no gargalo do garrafão. Depois chupávamos rapidamente no outro lado da mangueira para puxar a querosene. Antes que a querosene nos chegasse à boca púnhamos esse lado da mangueira num funil para encher o tanque. O frigorífico era muito pequeno, com um congelador minúsculo, onde congelávamos um bocadinho de carne, e alguns cubos de gelo.

Usávamos gasolina como combustível da nossa lancha e do barco de carga. Estes dois barcos eram as nossas ligações com o mundo exterior. No interior não havia estradas, e por isso dependíamos do rio para transporte.

Barco com delegados à assembleia distrital

Todos os três a seis meses, levávamos os barris de gasolina vazios numa viagem de um dia a uma estrada de terra que nos ligava com o mundo exterior. Daí, um camião levava-os pelos Andes, numa viagem de dois dias, onde iriam ser enchidos de novo, e transportados novamente para o porto ribeirinho.

Quando os barris cheios eram colocados na margem do rio, levávamos a canoa comprida para os trazer para casa. Tínhamos que carregar os barris no barco rolando-os numa prancha de madeira comprida. Dentro do barco, virávamos cada um, de maneira a podermos levar entre cinco e sete numa só viagem. Quando chegávamos à estação da missão, usávamos a mesma prancha comprida para tirar os barris da canoa, uma luta árdua, antes de os rolarmos duas colinas acima para serem armazenados.

Para rolar os barris colina acima, era preciso muita força. Usávamos uma corda comprida, com uma das pontas atada a um poste ancorado no chão, e o outro puxado sob e sobre o barril. Isso dáva-nos poder suficiente para os mover mais facilmente. Um homem puxava na corda, enquanto duas pessoas rolavam o barril lentamente colina acima.

Uma vez dentro da cabana, os barris eram armazenados em pé. Por vezes tínhamos que fazer isto durante chuva torrencial, e rolar os barris na lama, a deslizar e escorregar no caminho todo.

Dave e eu agarrámos as nossas lanternas, e saímos, de caminho para a cabana. A noite estava escura e molhada. Os sons típicos da floresta tropical rodeavam-nos; sapos a coaxar, morcegos a voar, e a parada de animais nocturnos à caça na cobertura acima das nossas cabeças. Cuidadosamente, apontávamos as nossas lanternas para o chão, caso houvesse alguma serpente por perto.

Subimos os poucos degraus para a porta aberta da cabana. Um enorme escorpião preto estava a descansar entre nós e o motor a diesel. As nossas pisadas e os raios de luz assustaram esta formidável criatura. Tomou uma posição defensiva, com cauda erguida, e o espigão dobrado, a avisar-nos para não nos aproximarmos.

Parámos para admirar esta formidável nemésis da Amazónia, antes que o meu pé pesado terminasse a sua existência nesta terra.

O Dave nunca tinha visto um escorpião vivo, e ficou impressionado com o tamanho do seu espigão. Desligámos as luzes e o motor antes de voltarmos para a casa.

"Há vezes em que vêem escorpiões na casa?" perguntou Dave quando nos aproximámos do alpendre.

"Sim. Por isso nunca entramos numa casa escura descalços e sem lanterna."

Abri a porta da frente. Outro enorme escorpião preto estava à nossa espera no chão da sala.

"Uau! Inacreditável!" exclamou Dave.

Também acabámos esta criatura rapidamente.

A nossa casa na selva tinha uma construção pouco habitual. Tinha dois quartos pequenos, uma casa de banho minúscula e uma cozinha combinada com sala de jantar. No pequeno corredor que abria para os quartos de dormir havia uma escada para um sótão. Desse sótão, podia-se olhar para os quartos e a cozinha/sala-de-jantar.

O nosso filho, Greg, e Dave dormiam em camas de solteiro num dos quartos no rés-do-chão. A Addie e eu dormíamos no outro. Trocámos as boas noites, e aninhámo-nos para dormir. A casa estava completamente vazia e podíamos ouvir os sapos a coaxar do lado de fora das nossas janelas.

51

Saí da cama e esgueirei-me pelas escadas para o sótão. Fui à balaústre e olhei para o quarto onde o Greg e o Dave estavam a dormir. Havia um cesto de amendoins que tínhamos comprado antes a secar no sótão, porque era o sítio mais quente da casa.

Com um amendoim na mão, rastejei até à beira da balaústre. A cama do Dave estava mesmo debaixo de mim. Ele tinha desligado a lanterna. Deixei cair o amendoim mesmo em cima do peito nu dele, sabendo que ele se tinha ido deitar a pensar em escorpiões.

"Ei! Que foi isso!"

O Dave saltou da cama e brilhou a lanterna em todas as direcções. O Greg acordou quando o Dave continuou aos saltos, a gritar "onde é que foi? Onde é que foi?"

Eu estava deitado no chão do sótão, a rebentar de riso, mas consegui conter-me, enquanto eles voltaram a deitar-se. Quando estava tudo quieto, voltei a atirar outro amendoim no peito do Dave.

O Dave desfez-se, desbaratou o lençol, saltou da cama com a lanterna em riste, desesperado para encontrar o escorpião que certamente estava por ali. Tremi com as gargalhadas contidas, a ver este homem enorme aterrorizado pelo que era, de facto, um amendoim.

O Dave eventualmente não se importou com o episódio, mas não conseguiu dormir bem naquela noite escura há tanto tempo atrás.

4

"Papá, Eu Chamei-te!"

Tomávamos banho quase diariamente nas águas bastante limpas e calmas do rio Kusu. A temperatura da água era agradável, excepto nos dias em que chovia bastante. Nesses dias a água era um bocadinho fria. Durante os meses de chuva, não havia insectos para nos aborrecer; mas nas estações mais secas de água mais baixa, os insectos estavam famintos.

Um dos insectos famintos chamámos "mata blanca." Estes insectos andavam em enxames enormes que pareciam nuvens grossas, a moverem-se rapidamente, e que andavam à beira-rio e nas praias arenosas. Atacavam-nos, pegando-se às nossas cabeças e corpos, e faziam-nos coçar em mil lugares ao mesmo tempo.

Parecia que eles sabiam que íamos ao banho geralmente pelas 5 da tarde. Acho que eles jejuavam o dia todo, à espera da refeição da tarde gratuita.

Os miúdos e eu púnhamos os nossos fatos de banho, juntávamo-nos à porta da frente, e contávamos até três, e corríamos para o rio. Não tínhamos tempo para conversar ou para nos demorarmos. Corríamos como se a vida dependesse disso, e mergulhávamos no rio, sabendo que os insectos estavam mesmo atrás de nós.

Se os nossos corpos estivessem molhados os insectos não nos chateavam. Mas assim que secássemos um bocadinho, atacavam-nos sem misericórdia. Saímos da água depressa para nos ensaboarmos, e entrávamos logo a seguir, ou as mordidas e a comichão eram demais.

Depois de nadarmos um pouco, eram horas de sairmos a correr, para a segurança da nossa casa com ecrãs nas janelas.

Na margem do rio o nosso barco de carga, de 9 metros de comprimento, estava atado em águas mais calmas. Era feito de madeira dura, na forma de uma canoa com os lados feitos de tábuas de madeira. Tomávamos banho sempre no lado rio acima do barco, e assim, se houvesse alguma corrente, levava-nos gentilmente para o barco, e podíamos usá-lo para sairmos do rio. Quando tomávamos banho no rio não podíamos ver o topo do barco, porque estava meio metro acima da água.

Um dia, os rapazes e eu fomos tomar banho no rio, e deixámos a Candy, a minha filha, que ainda estava a vestir o fato de banho. Estava um dia lindo de sol, e estávamos a divertir-nos a brincar, nadar e tomar banho nas águas mornas do rio Kusu.

Um momento mais tarde, senti uma vontade estranha de sair da água. Hesitei apenas um instante, porque o impulso era tão forte. Pisei na margem, e olhei à volta, até algo me ter prendido a atenção na parte rio abaixo do barco. Cheguei-me mais à beira da água, e vi a cara da Candy, por baixo da água!

Mergulhei, agarrei-a, e corri colina acima com ela. Ela estava a engasgar-se, a cuspir água, e a chorar. Segurei-a nos meus braços, a tentar desesperadamente confortar a nossa menina, que quase tínhamos perdido ao rio.

Por uma razão qualquer quando ela tinha chegado ao rio quis ver como estava a água no outro lado do barco de onde nós estávamos. O chão resvalava onde ela entrou, e imediatamente ela ficou com a água acima da cabeça.

Candy Garman com os seus amigos peruanos

Quando parou de soluçar, olhou para mim e disse, "Papá, eu chamei-te e chamei-te, e tu não vieste."

Dou graças a Deus por me impelir a sair da água naquele dia.

Depois dessa experiência, certifiquei-me que a Candy aprendeu a nadar. Ela não demorou muito a tornar-se uma excelente nadadora e também aprendeu a esquiar na água.

Educar os nossos filhos perto de um rio traiçoeiro foi um desafio. Sempre lhes disse, "O rio não é vosso amigo." Dava-nos transporte, mas havia sempre perigos à espreita na água.

O rio Maranhão está repleto de incríveis contracorrentes, rápidos e remoinhos. Sempre nos certificámos que tínhamos um remo enorme no barco, antes de viajarmos, porque nunca sabíamos quando o motor ia parar. Por vezes, as velas ficavam sujas com carbono acumulado, ou o carburador ficava cheio de água, ou tínhamos um pistão partido numa das hélices, o que levava o motor a desligar-se -- muitas vezes deixando-nos à mercê da água.

Deus protegeu-nos ao longo dos anos em muitas situações perigosas no rio.

5
Coisas de Macaco

Não estávamos a morar há muito tempo na selva quando um amigo ofereceu um macaquito giro, pequenino, curioso e muito traquinas aos nossos filhos. Eles ficaram extáticos com este novo animal de estimação da floresta tropical. Ele tornou-se o rei da casa, e destruía-a a todas as oportunidades.

As crianças levavam-no ao colo, faziam-lhe festas, adoravam-no, e mimavam absolutamente este pequeno futuro acrobata de árvores. Quando os nossos filhos tinham algum doce para comer, o macaco chorava, e fazia birra até que lhe dessem um bocadinho.

Addie com Smokey (o macaco)

Trepava dentro do beiral do telhado, à procura de aranhas e outros insectos para devorar. Punha os dedos dentro de todos os buraquinhos, fendas ou rachas, à procura de alguma migalha para satisfazer a sua eterna fome.

Um dia, vimo-lo a tentar chegar dentro de um buraco fundo, no lado da colina em frente de nossa casa. Um momento mais tarde, ele reagiu como se estivesse em dor, correu dali, e veio a andar mais perto da casa. Um pouco depois, começou com convulsões.

Os meus filhos pediram-me que fizesse qualquer coisa. Eu não sabia o que fazer, e pouco depois, o amado macaquito deu o seu último fôlego. Eles ficaram inconsoláveis, devastados e a chorar sem parar. Addie e eu estávamos destroçados pela perda deles.

"Pai, podemos ter um culto, e fazer um funeral para o nosso macaco de estimação?", pedincharam-nos eles.

Naturalmente, disse que sim, pensando no que é que eu podia dizer no funeral de um macaco.

Esperámos até que não estivesse ninguém na estação da missão -- afinal de contas, como é que se explica um funeral para um macaco, especialmente quando carne de macaco é um petisco desejado.

Quando já não estava ninguém, e a costa estava livre, começámos.

Levei uma pá, e uma Bíblia para um local mais isolado no nosso quintal, e fomos com a Addie e os filhos a seguirem-nos. Com olhos avermelhados, as lágrimas deles corriam livremente. Li uma curta passagem de escrituras, e tentei ajudá-los a lidar com a dor da perda. O culto acabou, e a última pazada de terra foi colocada cuidadosamente no pequeno monte que representava o local de último descanso do nosso pequeno amigo. Dando uma última olhada para o túmulo, virámo-nos para voltar tristemente para casa.

Dentro de casa, ninguém falou -- apenas soluços quebravam o silêncio.

Uma das crianças olhou pela janela, na direcção do túmulo pouco profundo, e deu um berro. Corremos para a janela a tempo de ver alguns dos rapazes da aldeia, a escavarem a rapidamente, e escapulirem-se com o falecido, para o jantar. Tinham estado escondidos, e tinham visto o funeral.

Os nossos filhos ficaram então verdadeiramente inconsoláveis. Foi esta a sua introdução à vida numa cultura diferente.

Depois da morte do nosso amado macaquito, os nossos filhos tiveram um lindo papagaio verde. Cortámos-lhe as asas para que este pássaro, chamado Perry, não voasse para longe, e partisse corações mais uma vez. Eles gostavam do papagaio, mas não como tinham gostado do macaquito.

Perry era bastante possessivo do seu território, que constituía a grande parte da nossa casa. Ele bicava-nos com uma extremidade do seu corpo, e com a outra sujava a casa. Por uma razão qualquer ele gostava de se sentar no nosso sofá, e andava ele de ponta a ponta. Sempre que alguém se sentasse no sofá, Perry corria com toda a velocidade que as suas pequenas pernas lhe permitiam, e ia bicar o intruso.

Addie tinha comprado um cesto de cana de açúcar cortada, e colocou-o no chão da cozinha. Pouco depois, Perry descobriu esta guloseima, e decidiu tomar posse dela. Empoleirou-se na borda do cesto e desafiou quem fosse a se aproximar. Addie passou pelo cesto um dia, quando ia preparar o almoço. Quando ela não estava a olhar, Perry saltou para o chão, e correu para onde a Addie estava. Picou-lhe a perna, como que a dizer: "Não te chegues ao meu cesto!"

Com o passar do tempo, Perry tornou-se parte da família, e habituámo-nos às palhaçadas e ciúmes dele.

Outro dia triste chegou quando Perry partiu desta para melhor. Mais uma vez os nossos filhos ficaram tristes com a perda do seu animal de estimação. Rusty, o nosso mais velho, perguntou se podíamos ter outro funeral.

"Mas, desta vez, vamos enterrá-lo à noite," disse ele.

Muitos outros animais de estimação viveram connosco, e muitas mais lágrimas foram derramadas, mas os nossos filhos desenvolveram um profundo respeito pela criação de Deus.

6 Meus Heróis

A nossa camioneta subiu a última parte tortuosa da tortuosa estrada de terra. A estrada acabava num pequeno planalto, com vistas para o lindo e ondeado vale acima do rio Chingosal. Tínhamos viajado dois dias, quentes e cheios de pó, e agora havia uma longa trilha e caminhada à minha espera.

À direita reparei num grupo enorme de pessoas e várias mulas de carga, pacientemente à espera da nossa chegada. Imediatamente, estas pessoas maravilhosas cumprimentaram-nos com entusiasmo.

Fomos apresentados aos pastores e homens das quatro aldeias onde íamos construir igrejas. O superintendente distrital Carnício Tsakim apresentou-nos o pastor Mário, da Igreja do Nazareno de Naranjos.

Os meus olhos foram atraídos de imediato pelos seus pés, enquanto ele estava à espera, ao lado do seu animal de carga. Os pés dele estavam dobrados, e embrulhados em trapos; ele tinha nascido com os pés severamente aleijados. O pastor Mário tinha talvez 30 anos de idade, e tinha andado horas naqueles pés para vir ao nosso encontro.

Depois dele, veio o irmão de Mário, com o seu animal de carga. Ele tinha nascido com um defeito congénito que resultou em cegueira num olho, e tinha uma perna flácida, que arrastava por trás dele quando ele andava.

Vi então o pastor Luís, da igreja de Yamakai. Ele apresentou-nos ao seu filho, Jorge, que tinha nascido com uma condição congénita severa, que deixou o seu corpo magro retorcido e deformado, com os membros atados em todas as direcções. Ele é o coordenador para todas as igrejas do Nazareno da área, e visita-as regularmente.

Este trio de homens inspirou-me, desafiou-me, e com o seu desejo consumidor de servir ao Senhor, tornaram-me mais humilde.

61

Colocámos o gerador portátil, ferramentas, pregos, cruzes, sinais para as igrejas, coisas para dormir e sabe-se lá o que mais, nos nossos animais de carga. Esses mesmos animais de carga tinham levado quase 500 lâminas de telhado ondulado para as quatro aldeias uma semana antes da nossa chegada. Dois meses antes desta viagem tínhamos enviado duas moto-serras, 120 sacos de cimento, betão armado e uma equipa às quatro aldeias, para cortar madeira da floresta em volta, e construir as bases para as igrejas.

Eu fiquei surpreendido pelo facto destes homens, com os seus animais de carga, terem distribuído estes materiais de construção pelas aldeias ao longo da trilha tortuosa.

O nosso grupo era constituído por seis norte-americanos, o superintendente distrital Peruano, e a equipa da estação da missão. Estávamos a caminho para construir igrejas em quatro aldeias ao longo do rio Chingosal, nas profundezas da selva.

Addie e eu tínhamos feito esta mesma viagem 25 anos antes, em circunstâncias muito diferentes. Nessa altura não havia uma estrada que pudesse nos transportar numa camioneta, só uma trilha para a aldeia de Naranjos.

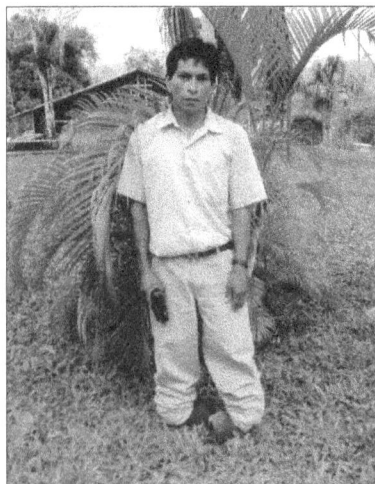

Pastor Mario

Tivemos que atravessar o rio Chinchipe numa pequena jangada atada a um cabo. A corrente empurrava a jangada rio abaixo, e depois para a margem distante. E aí entrámos na camioneta que nos levou naquilo que esse povo chamava estrada, precária, cheia de pedras, sulcos e estreita.

A camioneta balançava de um lado para o outro junto a precipícios que miravam o lindo vale ribeirinho, uma queda de 600m. Vinte minutos mais tarde, depois de termos visto a nossa vida a passar à nossa frente várias vezes, saímos cambaleantes da montanha russa para pôr os pés em terra firme. Há tantos anos atrás, o pastor Segundo Chiwan tinha vindo ao nosso encontro. Ele era um dos meus heróis.

Segundo era aluno no nosso Instituto Bíblico e tinha-nos convidado a visitar esta área isolada da alta selva. Cada semestre ele andava cinco dias, desde o nascer até ao pôr do sol, da sua casa até à estação da missão no rio Kusu, onde o Instituto Bíblico estava, logo ao lado do rio Maranhão. Dormia na trilha, num abrigo feito de paus, e coberto de folhas. Numa dessas viagens, uma jararaca (cobra venenosa da Amazónia) mordeu-o, quando ele ainda estava a muitas horas da nossa clínica. Ele orou e confiou no Senhor para cuidar dele. Sobreviveu, e finalmente chegou a casa, depois de uma recuperação milagrosa.

Agora, finalmente, íamos visitar a igreja que ele tinha ajudado a iniciar. Ele trouxe uma mula para carregar o nosso equipamento na trilha para Naranjos. Segundo tinha chegado ao local de encontro que tínhamos acordado muitas horas antes, e deixou a mula pastar, para que esta estivesse pronta para a longa viagem de volta para a aldeia.

Chegámos a meio da manhã, e estávamos prontos para a nossa longa caminhada. Segundo foi buscar o animal, mas não a conseguiu encontrar. Procurou o dia todo, enquanto nós esperámos pacientemente, à sombra de uma cabana de barro.

Finalmente, por volta das cinco da tarde, Segundo apareceu, triunfante, com a mula pela mão. Mas era tarde demais, e o sol estava a começar a pôr-se a ocidente.

"Quantas horas nos vai levar para chegarmos a Naranjos?" perguntei.

"Doze," foi a resposta de Segundo.

"Uma vez que é tão tarde, talvez seja melhor dormirmos aqui, e irmos de manhã," sugeri.

O nosso grupo consistia de sete homens, duas mulheres, e uma mula. Um dos homens, Tomás, tinha feito a viagem várias vezes, e sugeriu que fôssemos e passássemos a noite ao longo da trilha, visto não haver bom lugar para passar a noite naquele lado do rio.

"Doze horas" murmurei, a olhar para a montanha elevada à distância, que teríamos que atravessar a meio da noite. Mas o consenso geral era que partíssemos imediatamente.

Bem, eles conhecem a trilha e a área melhor que eu, por isso, vamos lá.

A trilha era larga, e seca e fácil de andar.

A subida foi gradual, enquanto nós serpenteávamos, curva após curva. A noite estava agradável e em breve buscámos as nossas lanternas das mochilas. Todos estavam na conversa, e estavam a apreciar a caminhada lenta montanha acima.

Em breve, estávamos rodeados pela escuridão, e só podíamos ver o esboço dos picos das montanhas na distância. Por esta altura, a noite estava silenciosa, excepto pela pergunta ocasional, "quanto tempo até chegarmos ao topo?" feita por um dos viajantes.

Tínhamos três lanternas para nove pessoas. Separámo-las; uma lanterna para cada três pessoas para que todos tivéssemos ao menos a ilusão de luz. Labutámos hora após hora na nossa viagem para Naranjos.

Tomás anunciou finalmente, "Chegámos ao topo da montanha."

Depois disso disse-nos que havia ursos na zona, e que o seu tio tinha morto um urso perto de onde estávamos.

Uma das lanternas em breve apagou-se, e as outras duas estavam a escurecer quando começámos a descer a montanha.

"Que barulho foi este?" perguntou Addie.

Ouvimos um rosnar grave, à frente, do lado da trilha.

"É um dos homens a tentar assustar-nos," respondi.

Addie parou e contou os homens atrás de nós -- estavam todos ali. Brandiu a lanterna em todas as direcções, e chegou-se mais perto de mim.

Ouvi o som da nossa mula atrás de nós, e o ritmo de pés mecanicamente a andar pela trilha poeirenta.

Apagou-se mais uma lanterna, e a última dava uma luz cada vez mais amarelada e insignificante que mal chegava ao chão. Pouco depois a sua luz apagou-se totalmente, e ficámos rodeados por escuridão.

O ar estava fresco e húmido, a anunciar chuva iminente. Eram 3 da manhã quando a nossa banda parou para descansar.

"A casa de um amigo meu está já ali," disse Segundo. "Podemos passar algumas horas lá, antes de continuarmos a viagem."

Passando uma curva na trilha, vi o esboço de uma casa de barro, com dois andares, de um produtor de café. A casa estava silenciosa e escura, por isso tentámos encontrar um lugar onde pudéssemos deitar-nos e descansar algumas horas.

Addie e eu esticámos os nossos sacos de dormir no chão duro, e cada músculo dos nossos corpos cansados gritou por descanso. Finalmente os nossos olhos sucumbiram ao sono.

Antes do sol nascer, uma chuva leve e miudinha acordou-nos. Acordámos rapidamente, juntámos todos os nossos pertences, e fomos para debaixo da beirada da casa de barro. Tão rapidamente como veio, a chuva parou, e o nosso pequeno grupo de peregrinos continuou a viagem para Naranjos.

Em breve o sol rompeu pela cobertura de ramos acima da nossa cabeça, acariciando o chão à nossa volta com os seus ramos quentes.

Com energia renovada, continuámos esperando chegar ao nosso destino em breve.

As árvores estavam vivas com pássaros a cantar, e a selva estava a mostrar uma imensidão de cores. Por volta das nove da manhã, encontrámos o primeiro de muitos quintais com mandioca, papaia e bananas, a indicar que estávamos perto da aldeia.

Momentos depois vimos um grupo de casas. Gente veio de todas as direcções. Addie e eu éramos novidade, visto esta ser a nossa primeira visita para esta parte isolada da selva.

Agora, 25 anos depois, eu estava a voltar para construir quatro igrejas novas, lindas e de madeira. O trabalho tinha avançado desde a primeira visita, e agora várias igrejas estavam espalhadas pelos vales e ao longo dos ribeiros. Do topo da montanha, vi o rio Chingosal, a meandrar por desfiladeiros e floresta tropical. Ao longo do rio, vi a trilha, que não demorou muito para se perder de vista por entre a exuberante floresta, que se espalhava perante nós como um enorme tapete ondulado.

Seguimos a trilha íngreme e rochosa e entrámos no vale abaixo. As mulas, certas do seu passo, iam à frente, carregando ferramentas, materiais de construção, e as nossas coisas de dormir. A gravilha, solta, pisada pelos nossos pés, ameaçava fazer-nos escorregar pela colina precária. O ar estava quente e saturado de humidade.

As nossas roupas estavam ensopadas com transpiração, quando finalmente fomos bem-sucedidos na descida, e buscámos a sombra das árvores a crescer à beira rio. As mulas foram andando, seguidas por nós, visitantes cansados.

As horas passaram, e o sol desceu pelo céu a ocidente, lançando sombras escuras pela floresta tropical.

As mulas pararam, e o povo apontou para o outro lado do rio. Aninhadas nas clareiras, as muitas cabanas da aldeia de Naranjo.

Os nossos corpos exaustos regozijaram. Finalmente, tínhamos chegado ao nosso destino.

Havia fumo a subir pelos telhados de palha, a subir em espirais e a desaparecer num céu sem nuvens, a indicar que as mulheres estavam a preparar a refeição da noite, cozinhada em fogueiras de três troncos, colocados juntos no chão de terra no centro das suas cabanas. Que visão bem-vinda para estes viajantes cansados do mundo exterior!

Segundo mandou alguns com as mulas numa trilha rio abaixo onde poderiam atravessar o rio e ir para a aldeia. Depois disso levou-nos a uma zona a cerca de 200 metros onde um teleférico velho, ferrugento e puxado a cabo atravessava o rio.

Este tinha quase dois metros de comprimento, com um de largura, e um chão de madeira onde podíamos estar de pé. Entrámos na plataforma e observámos a enorme polia, redonda, e ferrugenta, pela qual corria o cabo de aço torcido. Um trapo velho e grande estava enfiado entre a polia e o cabo, a servir de travão, e a evitar que o teleférico se movesse.

Outro cabo, mais fino, corria pelo meio do teleférico, a um metro e pouco acima da plataforma onde estávamos. Este cabo era a nossa segurança, e em breve descobrimos para que servia. O teleférico tinha um corrimão de aço em todos os lados.

Sabíamos para o que era, e segurámo-lo como se a nossa vida dependesse disso. O rio tinha quase 50 metros de margem a margem, com rochedos espalhados e água a correr fortemente, talvez a 18 metros debaixo de nós.

Olhámos uns para os outros, olhámos para este método de transporte antigo, e segurámos a nossa respiração quando o trapo era puxado da polia. O velho teleférico balançou-se para a frente, e caiu ligeiramente no cabo oscilante. Apanhou velocidade e levou-nos rapidamente para onde o cabo solto perdeu o arco, e parou, mesmo em cima do meio do rio.

Segundo disse-nos para agarrarmos o cabo mais pequeno e puxarmos. Seguimos a instrução de bom grado. Mão a mão, puxámos, manobrando o teleférico laboriosamente cabo acima, centímetro por centímetro até chegarmos à outra margem. Os nossos braços estavam doridos, quando puxávamos aquele peso pesado contra o cabo ligeiramente inclinado. Ouvíamos a água a bater contra os rochedos por baixo de nós, e de bom grado esforçámo-nos uma puxada após a outra.

Triunfantes, chegámos ao outro lado. O trapo travão foi enfiado entre a polia e o cabo mais uma vez, e nós ficámos gratos por pormos os pés em terra firme.

A escuridão estava a rodear a selva quando nos aproximámos da aldeia, e as boas-vindas foram jubilantes. Todo o cansaço desapareceu quando fomos levados à presença de um povo maravilhoso, que estava grato por termos chegado para construir a igreja deles.

Em breve as mulas, trazidas por Mário, seu irmão e o pastor Luís, apareceram. Descarregámos os animais e pendurámos as nossas cordas dentro dos quartos. Atámos as redes mosquiteiras às cordas, e enchemos os colchões de ar antes de irmos tomar banho. Com lanternas em mão, andámos para uma cabana de barro iluminada por lâmpadas de pavios pequenos. Depois de uma refeição deliciosa de mandioca, sopa de frango, e bananas verdes cosidas, despedimo-nos dos nossos anfitriões, e fomos dormir nos nossos colchões de ar.

O que pareceu minutos depois, galos a cantar e raios de luz acordaram-nos. Tomámos o pequeno almoço e estávamos prontos para construir a primeira das quatro igrejas nesta incrível aventura.

Homens e mulheres juntaram-se. Depois das primeiras instruções e de termos orado, tivemos um fervilhar de actividade. O gerador portátil começou a funcionar, e os operadores das serras circulares começaram a cortar a madeira. A equipa que estava a trabalhar no telhado começou a fazer as traves, enquanto os norte-americanos começaram a erguer as paredes. Quando se fez meio-dia, as traves estavam prontas

66

para as longarinas do telhado.

Durante todo o dia a comunidade trabalhou lado a lado connosco para construirmos a sua igreja. As mulheres trouxeram fatias de papaia doce, cana de açucar e um sumo de fruta tropical.

Quando chegou as cinco da tarde, o trabalho terminou, e guardámos as ferramentas, ficando espantados a olhar para a estrutura. No dia seguinte acabámos a construção, envernizámos a madeira e pendurámos as três cruzes e o sinal da igreja em frente da linda, nova igreja.

Mais à tarde, tivemos um jogo de futebol no pequeno campo em frente da nova igreja. O povo local, liderado pelo pastor Mário, jogaram contra os visitantes. Eu fiquei a ver, pasmado, enquanto o pastor Mário, com os pés aleijados, enrolados em trapos, corria de um lado para o outro no campo, a jogar a bola como um profissional.

Haverá alguma coisa que este jovem não pode fazer? Perguntei-me.

Depois de jantar, juntámo-nos dentro do novo edifício para o dedicar ao Senhor. Durante o culto, o pai de Mário brilhava com felicidade. Vinte e cinco anos antes ele tinha sido o pastor desta pequena igreja. Durante essa visita baptizei-o e a vários outros no rio Chingosal. Agora o seu filho Mário era o pastor deste rebanho de crentes a crescer. As minhas emoções transbordaram nessa noite em louvor a Deus por este povo fiel.

No dia seguinte fomos para construir a segunda igreja do nosso plano.

7
"O Que É?"

"Que barulho é esse?" perguntei a Addie.

Corremos para o rio e olhámos, a tentar determinar de onde estava a vir este som estranho, e poderoso. Em breve uma multidão estava reunida, de olhos semicerrados para o sol. O rugir ensurdecedor de motores ecoou de um lado e outro do rio.

"Olha," gritei, acima do ruído, "parece que um avião vai cair no rio."

Toda a gente gesticulou para o estranho objecto que parecia estar suspenso acima da água, e vinha na nossa direcção.

Esperámos por um choque que não aconteceu.

"Olha, Addie," disse, quando se aproximou, "é um hidroavião."

O povo estava pasmado ao verem o avião suspenso a meio metro da água, a viajar mais rapidamente do que qualquer canoa ou lancha.

Aquele hidroavião com 24 pessoas passou a nossa casa, e acelerou para a curva seguinte. Ainda podíamos ouvir o rugido dos motores, muito depois dele desaparecer. Mais tarde, soubemos que algumas das mulheres a trabalhar nos seus quintais ficaram tão aterrorizadas que se tinham escondido, a pensar que iam morrer. Ver um avião a dançar acima da água, e ouvir o som ensurdecedor, assustou muitos ao longo do rio.

Explicámos ao povo como é que funciona um hidroavião. Algumas horas mais tarde, ouvimos novamente o roncar dos motores, quando o hidroavião vez a viagem de volta, rio abaixo. Vimo-lo desaparecer, e o som aterrorizador em breve desapareceu.

Viemos a saber que o hidroavião tinha vindo de Iquitos, a mais de 800 Km, numa viagem de teste para Imasa, um porto ribeirinho a 40 Km de nossa casa

Esse foi o primeiro e último hidroavião que vimos na Amazónia superior, mas o acontecimento vive nas nossas memórias e especialmente nas memórias do povo da Amazónia.

8
Rebocador

A nossa casa na Amazónia superior estava localizada numa pequena colina, com vista para o vale. À esquerda corria o Kusu, a despejar os seus conteúdos no enorme e turbulento rio Maranhão. Em ambos os lados dos dois rios, haviam colinas ondulantes até perder de vista.

O rio tortuoso cortava por entre as colinas ondulantes como uma fita de cetim. Só se podia chegar a nossa casa por rio, visto não haver estradas que penetrassem pelo interior. Estávamos tão isolados como poderíamos estar.

A nossa estação incluía a clínica, igreja e campo de futebol, rodeado por bananeiras no nível mais baixo. Na colina mais alta, por trás da nossa casa e da clínica, estava o Instituto Bíblico Nazareno. A vista do topo da colina era incrível em todas as direcções.

Um dos nossos estudantes tinha ido a casa, rio abaixo, para visitar a família; quando voltou, disse-nos que havia um rebocador a empurrar uma barcaça. Estávamos todos ansiosos por ver o rebocador, visto a maior parte das pessoas nunca terem visto nada tão grande no rio.

Com as aulas acabadas, os nossos alunos estavam a trabalhar nos quintais quando ouvimos o rugido. Todos correram para a margem do rio, para testemunhar tão memorável ocasião. Ficámos espantados com o rebocador enorme a empurrar uma barcaça gigantesca, carregada com montes de tubos de aço, que seriam utilizados para construir um oleoduto de que tínhamos ouvido falar.

"Olha," disse Addie, "têm uma bandeira americana."

As bonitas estrelas e riscas, a bandear ao vento, quase que nos dominaram; nas profundezas da selva era a última coisa de que estávamos à espera ver. Quase que quis cantar o hino, ali mesmo na margem do rio. Sem fôlego, observámos esta cena incrível, a poucos metros da nossa casa na floresta tropical.

Os aldeões apontaram e exclamaram acerca do tamanho da barcaça e do reboca-dor. O maior barco na nossa área era uma canoa com tábuas nos lados e uma capa-cidade de apenas cinco toneladas. Acenámos e gritámos enquanto aquela máquina inacreditável despareceu numa curva, rio acima.

Os alunos do Instituto Bíblico ainda estavam a discutir o fenómeno no dia seguinte.

O Instituto tinha um orçamento minúsculo, e não tínhamos muito dinheiro. Comprávamos mandioca, bananas, papaia e outra comida dos quintais locais. Alguns dos alunos caçavam à noite com a minha espingarda de calibre 12, e voltavam com carne. Todos os dias, eu e a Addie almoçávamos com os alunos.

Um dia serviram-me uma tigela de uma sopa escura. Eu coloquei a minha colher na tigela, e bati numa coisa dura. Tirei-a do caldo escuro. Era o maxilar inferior de um animal qualquer com os molares pretos, manchados, ainda intactos.

Empurrei o maxilar para o lado, e consegui acabar a sopa, a perguntar-me que ani-mal é que estávamos a comer. Os estudantes informaram-me alegremente que tinham caçado e morto uma capibara na noite anterior.

Explicaram-me o que é uma capibara e eu foi ver ao dicionário. Este animal é o maior roedor do mundo. Os adultos chegam aos 54 Kg, e são parecidos com uma ratazana imensa, com um nariz esmagado.

Durante esse tempo, os alunos disseram a Addie que estavam preocupados porque quase não tinham comida. Ela lembrou-lhes de Números 11:23: "Porém o Senhor disse a Moisés: Seria, pois, encurtada a mão do Senhor? Agora verás se a minha palavra te acontecerá ou não." (ARC)

O Senhor tinha dito isto a Moisés porque os Israelitas estavam a queixar-se que não tinham carne para comer. Eles estavam a resmungar, e Moisés também duvidou.

Alguns dias mais tarde ouvimos o rugir ensurdecedor de motores, e vimos o mes-mo rebocador a empurrar a barcaça vazia rio abaixo. Mais uma vez corremos para a margem, aos gritos e a acenar enquanto o rebocador se aproximava de nossa casa.

Addie e eu mais uma vez ficámos repletos de emoção ao ver a bandeira do nosso país natal a flutuar na brisa. Tínhamos vivido na selva há anos, longe de tudo o que nos era familiar. Aquela bandeira lembrou-nos que não estávamos sozinhos. Sabíamos que muita gente estava a orar por nós na nossa terra natal, e por estes preciosos perua-nos que fomos chamados a amar e ministrar.

Para nosso espanto, o rebocador reduziu a velocidade, virou no rio, e ancorou em frente a nossa casa. O capitão desembarcou, e cumprimentou-nos. Ficámos realmente entusiasmados por ver e ouvir um outro norte-americano no nosso canto da selva.

"Que lugar é este? O que é que fazem vocês aqui, no meio de lado nenhum?" Dissemos-lhe que éramos missionários, a trabalhar com povo tribal, e que estes eram alunos nossos a prepararem-se para o ministério na igreja.

"Quando passámos há alguns dias atrás perguntei-me o que estava aqui," disse-nos. "O vosso complexo é lindo, bem cuidado, e queria saber quem mora aqui. Querem vir, com os vossos alunos, a bordo, e ver como é?"

Addie e eu nunca tínhamos estado num rebocador, e os nossos alunos também não. Traduzi para os nossos alunos e eles não queriam sequer acreditar que tinham sido convidados para embarcar no rebocador.

O capitão explicou o plano do rebocador, e as dificuldades em navegar as águas do Amazonas. Disse-nos que tinha navegado bastantes rios, mas o Maranhão era o mais traiçoeiro. Quase tinham perdido o rebocador quando viram os grandes rápidos, e os remoinhos de Manseriche, o maior de todos os desfiladeiros.

Vimos a sala de motores, onde dormiam, a cozinha imaculada, e a zona de refeições. Ele abriu os congeladores, cheios de carne e peixe.

Os alunos mal podiam acreditar em toda a comida que havia no rebocador. Addie e eu quase que nos babámos com a incrível abundância. O capitão disse-nos que um helicóptero voava todas as semanas com bastantes camarões e tudo o mais imaginável.

"A propósito, podem usar alguma comida?" perguntou-nos.

"Podemos usar toda a comida que nos quiser dar," disse Addie.

Quando traduzimos isso para os alunos, eles não queriam acreditar! O capitão abriu o congelador, e de lá veio camarão, e outros petiscos. Levou-nos à barcaça, e abriu a escotilha da zona de armazenagem. Caixa após caixa de itens de comida saíram de lá, que os alunos de bom grado levaram para a margem. Deram-nos comida suficiente para durar bastante tempo.

Agradecemos ao capitão e à tripulação e desembarcámos do rebocador. Acenámos enquanto o rebocador virou, flutuou para o meio do rio, e foi rio abaixo. Addie e eu olhámos para a bandeira até esta desaparecer na curva.

Addie então lembrou os alunos de Números 11:23. "Vêem como Deus responde às nossas orações?"

Lição aprendida.

9
Amazonas, oh Amazonas

Amazonas, oh Amazonas, capturaste o meu coração e encheste a minha vida com aventuras inimagináveis. Testemunhei as tuas águas a cascatear de numerosos riachos e rios, para dilatarem as tuas margens majestosas, a correr por leitos serpentinos, através da floresta de veludo esmeralda.

A tua vastidão é quase que opressiva, enquanto viajo pelas tuas águas carregadas de lodo, torrenciais. A abundância e variedade da tua fauna e flora desafiam qualquer descrição. Os mistérios trancados no teu ecossistema são insondáveis. Os teus nascer-do-sol acima de uma floresta coberta por nevoeiro são uma ilusão, enquanto que os teus pôr-do-sol são além da capacidade de qualquer artista pintar.

Já ouvi a multidão de sons na quietude da noite, quando predadores nocturnos silenciosamente perseguem as suas vítimas inocentes, na cobertura enredada da floresta, bem acima das nossas cabeças. O som inequívoco do macaco barulhento, a fugir do seu inimigo rastejante, leva até o mais corajoso a parar como se a sua vida dependesse disso.

Já tive a experiência da brisa, quente e suave numa noite tropical, escura como breu. O silêncio absoluto a anunciar uma tempestade iminente penetrava até ao mais profundo da minha alma. Aparentemente a mundos de distância, eu vejo os primeiros raios de relâmpago, seguidos pelo rugir baixo de trovoada à distância.

A noite silenciosa explode num grande espectáculo de foguetes celestiais. Cada vez mais perto, os raios cortados de luz penetram a escuridão, seguidos pelas palmas orquestradas de trovão ensurdecedor. De pé, debaixo da segurança do meu telhado, conto os segundos entre os enormes relâmpagos de luz seguidos por rugidos estrondosos.

Senti o vento feroz no meu rosto e olhei, quase hipnotizado, enquanto as palmeiras ondulavam freneticamente sob a sua força incrível. O bater picante da chuva, acelerada pelo vento, arrasta-me para dentro de casa, para escapar a fúria da tempestade.

Ouço o ritmo staccato das gotas de chuva a bater no telhado metálico. Agora a tempestade abre-se acima de nós. Os relâmpagos constantes formam figuras sombrias nas paredes da nossa casa.

Um boom, seguido por outro relâmpago. A chuva torrencial afoga toda a conversa. Gradualmente, os relâmpagos e a trovoada vão desaparecendo. Em breve o zumbido da chuva no telhado torna-se mais suave, e depois vem o silêncio. A tempestade passou. A cacofonia uniforme do coaxar das rãs quebra o silêncio, e a selva retoma a sua rotina nocturna.

10 Paulo de Tarso

Olhando pela enorme janela, com tela, reparei num homem alto, corpulento a aproximar-se do escritório. Algo acerca da presença dele despertou a minha atenção. Fiquei inquieto quando reconheci Cornélio, da aldeia de Wawaim, no rio Cenepa. Tinha-o conhecido há vários anos atrás, em circunstâncias muito diferentes -- o nome dele era conhecido por muitos, perto e longe, pelas suas aventuras.

Cornélio era membro da organização tribal política e estava encarregue de promover direitos humanos a nível das aldeias locais. A filosofia da organização era livrar a área tribal de todas as influências exteriores, incluindo a igreja e estrangeiros.

Tínhamo-nos tornado alvos primários da raiva e das tiradas de Cornélio. Ele visitou aldeia após aldeia, a fazer discursos, e prelecções acerca das influências malignas de gente como nós.

As igrejas foram abaladas até às suas fundações por estas investidas negativas. Os nossos pastores e o povo tinham reuniões de oração durante noites inteiras, pedindo a Deus que interviesse e preservasse a igreja.

Ouvimos relatos acerca do ataque intimidante e implacável à igreja, e a nós como missionários. Orámos e encorajámos os nossos pastores a estarem firmes, e verem como Deus trabalhava nas vidas daqueles que atacavam a Sua igreja.

Ouvi o som do cascalho debaixo dos pés de Cornélio, enquanto ele se aproximava. Estava com uma expressão triste, quase deprimida, em vez da habitual arrogância, e ar de autoconfiança que aterrorizava tantos corações.

O que terá acontecido a este homem poderoso e orgulhoso?

Trocámos cumprimentos, e convidei-o a entrar no escritório, onde ele se sentou.

"Há vários anos que tenho sido parte da organização política que vos tem denunciado, e à igreja," começou ele, com voz calma e forte. "O nosso alvo era liber-tar o nosso povo de todas as influências exteriores. Já falei em muitas aldeias, a tentar virar o povo contra tudo aquilo que vocês representam."

Eu fiquei espantado com a sua total honestidade.

"Há vários meses atrás, estive na aldeia de Nieva. Os meus amigos e eu estávamos a beber e a regozijarmo-nos pela nossa eficiência em intimidar pastores e igrejas.

"Era de noite, já tarde, quando relâmpagos trovejaram no céu, seguidos por tro-voada bastante ruidosa. O céu estava negro, e o vento começou a soprar, seguido por uma carga de água. Continuámos a beber e a chuva batia no telhado.

"Apercebi-me que o meu barco e o motor em breve estariam em perigo por causa da subida do nível da água. Fui, à chuva, com gotas de água a baterem-me na cara, e a encharcarem-me a roupa, enquanto descia pela trilha, às escuras. Tropecei até à margem, por causa do álcool. Vi o rio a borbulhar, como que a ferver, com ondas enormes. O meu barco estava meio submergido, e a puxar a corda que o segurava à margem. O vento estava a soprar e nuvens negras corriam em cima, o que me fez ir mais devagar. Os meus óculos estavam a ficar embaciados o que me abrandou ainda mais.

"Sabia que tinha que baldear a água do barco, e puxá-lo para mais perto da mar-gem, ou então ia perdê-lo, porque ia arrebentar as amarras e ia rio abaixo.

"Agarrei a corda, e puxei o barco para mais perto da costa, para que pudesse saltar a bordo, e começar a tarefa. Na minha bebedeira, tropecei, caí dentro do barco, e bati a cabeça no lado do barco. A força do impacto fez-me desmaiar.

"Quando vim a mim, estava a ser levado para uma casa. Quando acordei, a minha cabeça estava a rebentar e o meu olho doía-me bastante. Tremi por causa da minha roupa encharcada.

"Um dos homens que me salvou achou os meus óculos, mas uma das lentes estava partida. Tentei focar o olho, mas a dor era intensa, e vi apenas escuridão. Apercebi-me que um pedaço de vidro tinha entrado no meu olho, e estava a causar cegueira.

"No dia seguinte, os meus amigos levaram-me de volta para minha casa, no rio Cenepa, a algumas horas de Nieva. A dor no meu olho inchado levou-me à cama. A minha mulher cuidou de mim, e eu fiquei na cama, desanimado, dia após dia. O meu mundo tinha desabado à minha volta e eu senti-me inútil; perguntei-me porque é que isso me tinha acontecido. Lembrei-me da tempestade, e de estar a beber com os meus amigos. Lembrei-me de tentar saltar para dentro do barco, mas isso era a última coisa de que me lembrava.

"Um dia o pastor da igreja na minha aldeia veio ver-me. *Porque é que ele me teria vindo ver?* Perguntei-me. Tinha-o perseguido e tinha feito a vida dele na aldeia miserável. Cumprimentámo-nos. O pastor foi surpreendentemente amável e mostrou grande preocupação. E depois perguntou-me se podia orar por mim e pedir a benção de Deus na minha vida.

"O pastor visitou-me regularmente. Nenhum dos meus amigos políticos me veio visitar, e senti-me abandonado por eles."

A voz de Cornélio ficou abafada. "Aos poucos recuperei a minha saúde, mas mais importante, Deus tem estado a tratar do meu coração."

Lágrimas acumularam-se nos olhos escuros, e correram livremente pelo seu rosto bronzeado.

"Doutor," disse, "acha que me pode perdoar o mal e a dor que lhe tenho causado?"

Soluços assolaram o seu corpo, enquanto nos ajoelhámos para orar. Senti somente compaixão por este homem contrito. Cornélio abriu o seu coração em confissão a Deus. Chorámos e orámos juntos, com lágrimas a correrem livremente. A presença de Deus estava naquele lugar, e Cornélio tornou-se uma nova criatura em Cristo. Abraçámo-nos, e eu sabia que ele seria meu irmão para sempre.

"Doutor, pode baptizar-me no rio hoje?"

"Cornélio, seria o meu grande privilégio baptizar-te hoje no rio Maranhão."

Mandei dizer aos professores e alunos do Instituto Bíblico, e às famílias que moravam na estação da missão que hoje Cornélio seria baptizado. A notícia espalhou-se, e todos queriam observar esta experiência incrível. Visto ele ser tão bem conhecido pela sua oposição ao Evangelho, este baptismo seria histórico.

Uma multidão, entusiasta, reuniu-se no porto, onde os nossos barcos flutuavam suavemente nas águas calmas.

Lemos as Escrituras, orámos, e a cena estava pronta para o testemunho público de Cornélio. Entrei no rio Maranhão, plantei os meus pés no leito lamacento, e observei a cena. O céu estava um azul clarinho, sem nuvens. Mas a grande nuvem de testemunhas e Cornélio, à espera de entrar na água, era como algo do livro de Actos.

A grande multidão começou a cantar, "Jesus à frente, o mundo atrás, não volto atrás, não, não, não volto atrás."

Dois homens acompanharam Cornélio até onde eu estava. Olhei-o nos olhos e disse, "Cornélio, podes dar-nos o teu testemunho pessoal de fé em Jesus, por favor?"

Ele olhou para o povo reunido à beira rio, e contou-lhes a história da vida dele. Falou da sua perseguição da igreja, e do acidente no rio. Mencionou as visitas do pastor a sua casa e o ter perdido a vista de um dos olhos. Falou da sua fé em Cristo, e explicou que agora era um de nós.

Estávamos todos como que hipnotizados enquanto ele falava.

"Cornélio, eu te baptizo, no nome do Pai, do Filho e do Espírito Santo."

Que dia, que momento quando ele saiu da água, a proclamar o seu amor por Jesus! Abraçámo-nos, e ele voltou para a sua aldeia um novo homem.

Alguns meses mais tarde Cornélio frequentou um curso de uma semana para estudar o livro de Apocalipse. Sentou-se na fila da frente, absorto nas escrituras, a querer aprender tudo o que podia. Voltou ao rio Cenepa, e um novo capítulo na sua vida teve início. Ele defendeu e proclamou o Evangelho com o mesmo fervor com que se tinha oposto ao mesmo.

Meses passaram e a nossa licença nos Estados Unidos estava a aproximar-se. Addie e eu estávamos a arranjar as coisas para passarmos um ano na nossa terra natal. Olhei pela janela, e vi um rosto familiar -- Cornélio. Cumprimentámo-nos com afecto. Era maravilhoso vê-lo sorrir e a apreciar a vida.

"Doutor, ouvi dizer que vai à sua terra natal em breve. Vim para orar pelo meu missionário."

Essas palavras marcaram-me. Ele tinha feito uma viagem desde o rio Cenepa de propósito para se despedir.

Baixámos as cabeças, e ele orou uma das mais belas orações deste lado do céu. Abraçámo-nos, e senti o calor e a sinceridade de um homem mudado pela graça de Deus.

Vi-o desaparecer numa curva na pequena estrada que saia de nossa casa. Um soluço encheu-me a garganta, e a emoção cresceu em mim, a encher os meus olhos com lágrimas. Obrigado, Senhor, por outro milagre na tua história redentora de amor.

"Edificarei a minha igreja, e as portas do inferno não prevalecerão contra ela." Mateus 16:18 (ARC)

Jesus disse isso; eu acredito nisso; e isso temos vivido.

11
A Carta Desejada

Tivemos o privilégio de construir talvez a única igreja localizada dentro da lindíssima Reserva Nacional Pacaya Samiria. Está localizada entre os rios Ucayali e Maranhão, que formam o grande rio Amazonas, acima da cidade de Nauta, no Peru.

A reserva é um dos tesouros ecológicos naturais do Peru. Estende-se por mais de dois milhões de quilómetros quadrados, no Departamento de Loreto. Tem uma fauna e flora bastante diversas: 449 espécies de pássaros, 102 espécies de mamíferos, 69 espécies de répteis, 58 espécies de anfíbios, 256 espécies de peixe, 965 espécies de plantas selvagens e numerosas espécies de plantas cultivadas.

Para chegar à reserva, íamos no pequeno rio Yanayacu, onde se encontrava com o Maranhão. A nossa igreja está na secção mais a norte do parque na comunidade de Buenos Aires.

O pastor Manuel, de Nauta, tinha evangelizado a área, e plantado um trabalho forte entre os peruanos a viver ali. Enviámos o nosso capataz de construção de Iquitos, com betão armado, cimento e tábuas para fazer a base para que uma equipa de Piqua, no Ohio, EUA, sob liderança do pastor Paul Jetter, construísse a igreja de madeira mais tarde.

Os membros da igreja local construiram a base. Estavam entusiasmados em trabalhar no que seria um local bonito, permanente para adoração. O nosso capataz voltou para Iquitos, elogiando o povo e o seu compromisso com a tarefa. Mal podia esperar que chegasse a equipa de Ohio, para poderem continuar a trabalhar neste projecto de construção.

Pouco depois, vim a saber que precisaríamos de permissão para que estrangeiros entrassem na reserva para construir. O nosso dilema foi complicado pelo facto de que a madeira tinha sido encomendada, e outras compras para abastecer a construção estavam a ser feitas -- e a equipa do Ohio estava a chegar em menos de duas semanas.

Visitei os escritórios em Iquitos e fui informado de que tínhamos de deixar uma lista com os nomes, ocupações e números de passaporte dos membros da equipa. O Pastor Jetter mandou-me uma lista detalhada, que lhes apresentei.

Disseram-me que o supervisor estava quase a chegar, por isso esperei até ele vir, mas ele não quis ver-me e negou-nos o pedido para construirmos na reserva.

Fiquei devastado.

O que é que vou dizer à equipa, depois de todas as preparações que foram feitas? Sabia que eles iriam ficar extremamente desiludidos.

Construção da igreja na aldeia pela Equipa de Trabalho e Testemunho

Mencionei o desafio ao nosso superintendente em Iquitos, e ele decidiu visitar o escritório para ver se conseguia persuadir o supervisor a dar-nos permissão. Assim que entrou o edifício, ele ficou surpreendido por ver a secretária, uma sua amiga querida. Falou com ela acerca da situação, e ela convenceu o supervisor a dar-nos permissão. Então, finalmente, tínhamos permissão, mas o documento tinha de ser entregue ao nosso superintendente distrital no dia que íamos partir com a equipa.

Deixámos Iquitos com a equipa de Trabalho e Testemunho e viajámos os 100 km até à cidade de Nauta, onde iríamos embarcar nos barcos para viajar pelo rio Tigre para construir uma igreja. Depois voltaríamos a Pacaya Samiria para construir na reserva.

Eu estava à beira de um ataque de nervos quando chegámos a Nauta, porque não tinha em mãos o documento escrito, e estávamos a preparar-nos para ir rio acima. Enquanto carregámos os barcos para a nossa aventura, um mensageiro chegou de Iquitos e deu-me a desejada carta.

Abri-a e dei um imenso suspiro de alívio, bem como um louvor a Deus por responder às nossas orações.

A viagem foi uma das mais abençoadas que vivemos. Ambos os edifícios foram completados com ajuda incrível do nosso povo no rio Tigre, dos que moravam na reserva, e da equipa de Trabalho e Testemunho.

Quando dedicámos a Igreja do Nazareno de Buenos Aires Pucate, eu fiquei completamente dominado pela emoção e gratidão a Deus por oração respondida. Eu estou grato às muitas equipas de Trabalho e Testemunho que nos acompanharam em tantas aventuras únicas.

"De Maneira Nenhuma"

Latrinas, fossas, casas de banho, e sanitas têm tornado as nossa vidas muito interessantes e até mesmo engraçadas. Temo-las visto serem feitas de todos os materiais naturais imagináveis -- desde bambu a estruturas de madeira e tudo o mais entre estes.

Um dia em particular, Addie e eu tínhamos feito a caminhada exaustiva por uma montanha escarpada para chegar a uma aldeia isolada, longe da tribo principal. Tivemos uma recepção incrível, e fomos levados à cabana feita de bambu onde iríamos passar a noite. Pendurámos as redes para nos protegermos de mosquitos e preparámos as camas para as noites frescas que teríamos nesta linda montanha.

Perguntámos ao pastor onde estava a latrina, para que pudéssemos ver o caminho ainda à luz do dia. Ele levou-nos por uma pequena trilha e apontou a direcção do alpendre onde esta estava. Cuidadosamente, fomos por uma trilha escorregadia e íngreme. Era certamente isolada da aldeia, e teríamos privacidade.

A primeira parte da trilha era bastante íngreme. Segurei o braço da Addie, para que ela não caísse montanha abaixo. Seguimos as muitas curvas na trilha; finalmente, vi um tronco com dez centímetros de diâmetro, e mais ou menos metro e meio de comprido, entalado entre duas árvores. O poste estava a pouco mais de um metro do chão.

Quando nos aproximámos do tronco vimos que, directamente abaixo dele não havia nada por mais ou menos 15 metros.

Que sistema de esgotos incrível, pensei.

Addie não partilhou o meu entusiasmo.

"De maneira nenhuma!" exclamou.

Segurou-se a mim como se a vida dela dependesse disso, a exclamar que não havia maneira de ela se sentar no tronco e segurar a árvore ao mesmo tempo. Escusado será

85

dizer que encontrámos o nosso ponto isolado na selva, e criámos o nosso próprio sistema de esgotos com recursos naturais.

13
"Sim, Podes!"

Tivemos o privilégio de ter tido muitas Equipas de Trabalho e Testemunho para nos ajudar com projectos de construção na nossa estação da missão na Amazónia. As mulheres membros das equipas sempre dormiram na nossa casa, e usaram a casa de banho interior. Os homens dormiam num edifício a mais ou menos 80 metros da nossa casa, e usavam as duas latrinas que tínhamos construído para eles. Com uma equipa mais numerosa, a casa de banho na nossa casa não era suficiente, daí as duas latrinas.

Os alpendres para casa de banho eram por trás da nossa casa, a meio caminho da encosta abaixo. A vista era incrível nesta localização tão privada. Cavámos dois buracos enormes, e cobrimo-los com troncos fortes e grandes. Usámos cinco troncos para cada buraco. Os dois troncos do meio eram cortados individualmente na forma de uma meia lua, o que criava um buraco redondo. Depois disso cobríamos os troncos com tábuas, seguradas com pregos. Construímos uma caixa quadrada com um assento de sanita para colocar em cima do buraco e fazer a nossa latrina um pouco mais confortável.

As paredes eram feitas de canas de bambu, atadas ou pregadas a traves de apoio com lianas robustas. As canas de bambu deixavam passar um pouco de luz, por isso não precisávamos de electricidade. O telhado era feito de aço ondulado.

Quando se visitava a latrina à noite, levava-se sempre uma lanterna, para nos certificarmos que não havia nenhuma criatura a rastejar. Apesar disso, as histórias das latrinas eram abundantes e legendárias.

Uma das equipas estava a construir uma igreja numa aldeia imediatamente rio abaixo da estação da missão. Depois do pequeno-almoço uma manhã, eu levei a equipa para terminar o projecto de construção. Um dos homens ficou na estação. Addie estava a trabalhar na cozinha quando ele apareceu de repente, e perguntou se podia usar a casa de banho dentro de casa.

"Claro," respondeu. Todas as senhoras, excepto uma, que estava a lavar a roupa, tinham ido com a equipa.

Minutos depois, ele voltou para a cozinha.

"A razão porque eu pedi para usar a casa de banho aqui de casa é a minha experiência na latrina." disse ele a Addie. "Eu estava lá, sentado, quando ouvi um barulho perto da parede de bambu. Olhei para baixo e vi uma cobra enorme, a entrar por um buraquinho onde as canas se tinham separado. Aquela cobra rastejou na direcção do meu pé direito. Levantei-o, desejando que ela continuasse a rastejar, mas bateu no calcanhar da minha sapatilha."

Felizmente, o sapato dele tinha um calcanhar grosso de borracha e ele não tinha sido mordido.

Olhou para Addie e disse, "Sempre ouvi dizer que não se consegue correr com as calças a meio das pernas, mas pode-se sim, senhora! Sim, podes! Podes correr com as calças a meio das pernas!"

14
Estás Por Tua Conta

A Equipa de Trabalho e Testemunho tinha acabado de chegar a nossa casa no rio Maranhão. Tinham tido uma viagem longa e cansativa, e vários deles precisavam de usar a casa de banho.

Apontei o caminho por trás da nossa casa que levava à latrina colina abaixo.

Addie e eu estávamos a dar as boas vindas à equipa quando o homem voltou e exclamou, "Fui à latrina, e a minha câmara, novinha em folha, de 300 dólares, escorregou do meu ombro e caiu dentro da latrina. Doutor, ajuda-me a apanhá-la?"

A latrina onde esta câmara tinha caído era bem usada, e estava cheia. Já me pediram para fazer muita coisa como missionário, mas há que ter limites.

"Não," disse-lhe, "mas aqui tem um ancinho com um cabo comprido. Pode apanhá-la, se quiser; demore o tempo que quiser."

E ele apanhou-a, mas a câmara nunca mais tirou outra foto, e ele deitou fora aquela câmara que antes tinha estado limpinha e bonita.

.

15

Ele O Quê?

Estávamos a preparar-nos para a assembleia distrital na selva, quando um aluno do Instituto Bíblico me informou que o nosso cozinheiro estava a ir para casa.

"O quê? Ele não pode ir para casa, ele tem de cozinhar para a assembleia!" balbuciei.

Tuya, um Aguaruna, era o cozinheiro do Instituto Bíblico, um emprego que ele tinha já há bastantes anos. Era um dos crentes mais incríveis que eu jamais conheci. Tuya era bondoso, paciente, trabalhador, e amado por todos. Ele e a sua esposa eram membros proeminentes na Igreja do Nazareno da aldeia de Chipe.

Tuya enfrentava os elementos e ficava ao lado de fogo aberto horas infindas, com fumo a subir, pungente e a queimar os olhos, enquanto mexia arroz, mandioca cozida, bananas e panelas de carne que os alunos tinham caçado. Todos amavam o cozinheiro sempre feliz, calmo e fiel.

Tuya tinha concordado em cozinhar as refeições para a assembleia de dois dias. Delegados iriam chegar durante todo o dia, alguns viajando grandes distâncias, e ansiosos por um bom jantar.

"Porque é que ele se está a ir embora?" perguntei ao aluno.

Ele hesitou um pouco, e depois sorriu. Tuya tinha caído na latrina e tinha magoado o ombro.

Eu sabia que o ombro era só uma parte da razão, a vergonha era também um grande factor. Tuya sabia que toda a gente iria fazer piadas acerca do seu infeliz episódio.

"Depressa! Vai dizer-lhe que venha ter comigo à clínica, para eu lhe dar uma injecção e remédio para o ombro dele."

Esta latrina mais velha estava desesperadamente a precisar ser reparada. Os troncos que formavam o chão estavam podres e quando Tuya pisou neles, eles cederam, e

91

lançaram Tuya no poço de esgoto com metro e meio de profundidade.

Ele não demorou muito a trepar para fora daquele pesadelo indescritível, correu trilha abaixo, e mergulhou no rio. Lavou-se, e lavou-se outra vez, a tentar livrar-se dos efeitos intoxicantes da sua incrível provação.

Fui à clínica, onde um Tuya envergonhado estava à espera. Esticou-se na mesa de exame, enquanto eu preparei a injecção. Quando me cheguei a ele com a seringa na mão, pensei na cena de Tuya a mergulhar naquele buraco proibido.

Tentei segurar o riso, mas ainda assim tremi com as gargalhadas mal contidas. Tenho certeza que ele queria fugir e escapar, mas era tarde demais. Controlei a minha mão trémula, e enfiei a agulha na anca dele.

Tuya ficou e cozinhou para toda a assembleia. Alguns anos mais tarde, ele e a esposa faleceram a alguns dias um do outro, e foram para a sua recompensa celestial. Ele era um dos meus mais queridos amigos e um irmão em Cristo.

16
Vinha e Continuava a Vir

Jack estava a gesticular loucamente e quase sem fôlego, a tentar comunicar com Addie.

"E vinha, vinha e vinha!"

"Jack, acalma-te. O que é que vinha e vinha?"

"A cobra," gaguejou ele. "Foi a coisa mais comprida que eu jamais vi."

Jack tinha ido à latrina perto de nossa casa. Disse-nos que tinha entrado mesmo a tempo de ver uma cobra enorme, comprida, a rastejar para fora do buraco escuro e lúgubre.

Os homens correram imediatamente para a latrina, mas não viram a cobra de Jack.

"Jack, provavelmente o que viste foi uma minhoca comprida; não há cobra nenhuma na latrina."

Um pouco depois, um outro homem usou a mesma latrina, e não conseguiu voltar para casa depressa demais.

"Acabei de ver a cobra de Jack, e ele tem razão -- é preta e enorme, e não parou de vir de dentro do buraco!"

Cerca de uma hora tinha passado entre as duas ocorrências, e assim os homens esperaram outra hora e dois deles foram à latrina. Os gritos deles indicaram-nos que tinham avistado a cobra de Jack.

Os homens e mulheres correram para a colina e viram a cobra presa a um poste comprido. Câmaras clicaram enquanto a cobra levantou a cabeça do chão e se movia lentamente em todas as direcções, como se estivesse a posar para as câmaras.

Todos se mantiveram a uma boa distância desta criatura da Amazónia, que era agora provavelmente a cobra mais filmada na história.

Eu tinha estado na clínica, e voltei para casa mesmo a tempo de ver esta cena incrível.

"Doutor, acha que é venenosa?" perguntaram-me.

"Não, é uma cobra inofensiva, que se alimenta de roedores."

Esta mais fotografada serpente na história da humanidade tinha mais de 3.5 metros de comprimento, e soltei-a na selva, bem longe da latrina.

Sempre tínhamos dito aos homens para manterem o tampo da sanita em baixo quando não a estivessem a usar. Foi a última vez que tivemos que repetir esse aviso.

17
É Um Mundo Selvagem Maravilhoso!
Por Addie Garman

Era quase Natal, e pensei que seria boa ideia preparar um programa. Reuni os jovens e disse, "Vamos fazer uma peça e uma cantata."

"O que é uma peça e uma cantata?" perguntaram.

Expliquei que podiam memorizar partes para falar, ou poderiam fazer uma mímica; escolheram a mímica. O coral iria cantar algumas canções de Natal em Aguaruna e em Espanhol.

Cada um teve um papel atribuído, e começámos os ensaios. Um jovem casal (ela com 14 anos, ele 20) tinham tido uma bebé, e por isso foram escolhidos para ser Maria e José.

Estava tudo a correr bem até uma semana antes da apresentação. O jovem disse-me que estava de caminho para apanhar o avião para ir estudar, porque o pessoal da linguística lhe tinha dito que ele iria estudar na base deles para se tornar professor.

"Mas, não podes! E o programa?" exclamei.

"A minha mulher continua a fazer de Maria, e o meu tio vai fazer de José," disse ele.

Nessa tarde tivemos o ensaio seguinte, e Maria fez a primeira cena com a aparição do anjo. Quando o tio veio para andar com ela para Belém, ela parou, e foi-se embora a dizer, "não quero fazer isso. Não quero que a minha bebé tenha diarreia."

Fiquei boquiaberta. Não sabia o que ela queria dizer com isso, que repetia sem parar, "não quero que a minha bebé tenha diarreia!"

Nessa altura, todos estavam a rir, e perguntei-me o que se estaria a passar. Um dos homens explicou, "É o nosso costume. Se outro homem tocar uma mulher casada, o bebé dela irá ter diarreia."

Este costume tinha a intenção de fomentar a fidelidade marital.

"O tio não te vai tocar; só vai andar ao teu lado," expliquei-lhe.

Ainda assim ela insistiu que a bebé ia ter diarreia.

"Eu disse, ela não vai ter diarreia!" enfatizei.

Larry estava na parte de trás da igreja, e em Inglês, murmurou, "E se ela tiver?" Queria atirar-lhe qualquer coisa à cabeça.

Finalmente, consegui que um irmão e irmã fizessem de Maria e José, usando a boneca de Candy como Jesus.

O coral ensaiou bastante, e senti que estavam preparados para a actuação. Nessa noite, eu estava a fazer três enormes tigelas de pipocas para servir a todos os actores depois das duas actuações do dia seguinte.

Enquanto levava o tacho para trás e para frente em cima do fogão, eu estava a pensar no coral. Precisavam de um uniforme, para os unir. Alguns deles estariam descalços, outros teriam o traje típico, atado com uma liana, e uns teriam roupa re-mendada. Precisávamos de qualquer coisa que os unisse.

Contei a Larry a minha luta.

"Tens todos aqueles rolos de papel higiénico azul lá em cima," disse-me ele.

"És louco," disse-lhe eu, enquanto corria escadas acima, para ir buscar um rolo de papel higiénico azul. Desenrolei um bom pedaço, coloquei-o à volta dos ombros, com as pontas a bater-me na cintura.

Nada mal, pensei, por isso desenrolei fitas suficientes para cada membro do coral.

No dia seguinte, drapeei o papel higiénico pelos ombros de todos. O coral estava tão orgulhoso que andaram a tarde toda com as tiras, e recusaram tirá-las.

Vestes de coral no meio da selva. Uau! Que mundo incrível, maravilhoso em que vivemos.

18
A ameaça

Não temas, mas fala e não te cales; porque eu sou contigo, e ninguém lançará mão de ti para te fazer mal, pois tenho muito povo nesta cidade. —Actos 18:9-10

Recebemos notícias de uma aldeia grande, rio abaixo, que os líderes tinham ameaçado enviar o nosso pastor para a cadeia de bambu se ele pregasse mais uma vez na igreja.

Cadeias de bambu eram infames. Eram feitas de postes plantados no chão, com paredes de bambu atado. As paredes tinham somente cerca de sessenta centímetros de largura por três metros de altura. Os prisioneiros tinham que ficar de pé horas infindas, sem lugar ou espaço para se sentarem ou deitarem, visto as paredes estarem tão próximas umas das outras. Entretanto, os aldeões passeavam em frente da cadeia, para verem quem estava encarcerado. Era um espaço muito embaraçoso para o prisioneiro.

Não nos surpreendemos com essas notícias, porque os líderes tribais estavam a ameaçar as nossas igrejas e povo há meses.

Nos primeiros anos do nosso ministério, encontrámos entusiasmo positivo e crescimento incrível. Os Aguaruna eram testemunhas maravilhosas da graça de Deus. Em todo o lado onde fossem visitar familiares ou amigos, eles levavam o

Família típica Aguaruna

97

Evangelho, plantavam as sementes e começavam igrejas. Vivemos maravilhosamente espantados com igrejas a surgir em aldeia após aldeia.

Como missionários temos consciência que não estamos lá para mudar normas culturais; isso é tarefa do Espírito Santo. Quando as pessoas respondem ao ensino bíblico e se comprometem pessoalmente ao senhorio de Cristo, mudanças culturais, que vão contra a fé em Cristo, vêm à baila. Questões de conduta pessoal e comunitária são vistas sob o microscópio do Espírito Santo.

Estes são os mesmos assuntos que afectam cada cultura de uma forma ou outra, mas talvez de formas mais pronunciadas na selva.

Uma nova força entrou em jogo à medida que o tempo foi passando na Amazónia. Um novo grupo de líderes tribais ficou sob influência de doutrinas anti-religiosas. Um destes homens formou a organização política índia que era definitivamente anti-igreja.

Homens com ideias semelhantes eram recrutados e persuadidos a lutar contra a igreja e contra estrangeiros. As suas reuniões tribais tornaram-se voláteis, e decidiram expulsar das áreas tribais a igreja e todos os que não eram nativos.

Os nossos pastores e povo oraram e resistiram a estes ataques. De aldeia em aldeia, a igreja virou-se para Deus buscando intervenção. A tensão foi-se acumulando e a pressão cresceu, mas os cristãos não foram persuadidos ou intimidados por estas ameaças.

Depois de meses de pressão intensa, um dos nossos pastores foi ameaçado com tempo de prisão. O nosso superintendente distrital Huambisano, outro missionário e eu fizemos a longa viagem por barco até à aldeia onde a assembleia tribal tinha o seu quartel general. Era nesta aldeia que o pastor Timias estava a ser ameaçado.

Quando chegámos, pedimos para nos reunirmos com toda a aldeia. Fomos levados à enorme casa de reuniões. Uma vez lá dentro, a aldeia perguntou-nos o porquê da nossa visita. O salão estava lotado com gente que se perguntava porque é que tínhamos vindo à aldeia deles.

Disse qual o nosso propósito, e um burburinho começou pela multidão. Lembrámos-lhes que a constituição do Peru garante liberdade religiosa a todos os seus cidadãos e que iríamos usar todos os nossos recursos para defender o nosso povo e igrejas. Perguntei aos líderes se era verdade que tinham ameaçado o nosso pastor com tempo de cadeia se ele continuasse a pregar.

Tentaram esquivar-se, mas eu repeti a pergunta mais uma vez. Finalmente, responderam afirmativamente. Imediatamente o pastor foi trazido para o centro do salão, e vários líderes falaram contra ele. Alguns outros juntaram-se, e a atmosfera encheu-se

98

de ódio.

Timias ficou ali, sozinho, e sem dizer palavra. O meu coração afundou. A igreja parecia estar num grande sarilho.

O líder, ao sentir que a aldeia estava com ele, apontou o dedo ao pastor, e perguntou, "Vais continuar a pregar na igreja ao domingo? Se sim, vais para a cadeia."

Eu olhei para o pastor Timias, com preocupação e compaixão, a perguntar-me como é que ele responderia. Sozinho e sob o escrutínio de todos, ele falou humilde e deliberadamente.

"Sim, vou pregar na igreja no domingo."

Um silêncio encheu o salão, e a aldeia estava atónita. Eu fiquei ali, paralisado; a minha mente a correr em várias direcções ao mesmo tempo. De repente, pelo canto do olho, reparei nalgum movimento. Do meio da multidão, uma mulher veio e ficou ao lado do seu pastor. Da parte de trás do salão, um homem veio à frente, e ficou do outro lado de Timias.

Um a um vieram, até mais ou menos 30 pessoas rodearem o seu pastor. Não disseram palavra, mas com a sua presença disseram bem alto: *A vossa cadeia não é grande o suficiente para todos nós.*

Representaram muitas das famílias na aldeia, todos com famílias alargadas, que defendiam os direitos dos seus amados.

Mais uma vez, lembrámos-lhes que faríamos tudo no nosso poder para assegurar liberdade religiosa do nosso povo. Os líderes sabiam que tinham sido derrotados. A reunião terminou, e a igreja nunca mais seria desafiada deste modo.

Voltámos para casa, a louvar a Deus por ter respondido às orações do Seu povo, e pela igreja que tinha sobrevivido ao teste. De aldeia em aldeia a igreja foi vitoriosa. A força da perseguição foi quebrada e a igreja foi fortalecida em toda a tribo.

Os meses passaram-se, e ficámos surpreendidos quando o líder daquela aldeia, que tinha ameaçado o pastor Timias, veio ao Instituto Bíblico para se preparar para o ministério. Que incrível vitória que Deus ganhou.

Não temas, mas fala e não te cales; porque eu sou contigo, e ninguém lançará mão de ti para te fazer mal, pois tenho muito povo nesta [aldeia].
—*Actos 18:9-10*

19
Boas Notícias

Addie e eu estávamos a chegar ao fim da nossa chamada missionária na Amazónia, e queríamos construir uma biblioteca para o Instituto Bíblico em Novos Horizontes como a nossa contribuição final para a obra.

Deus tinha-nos abençoado com muitas Equipas de Trabalho e Testemunho ao longo dos anos. Estas equipas tinham mudado a nossa selva para sempre. Dezenas de igrejas foram construídas em numerosas aldeias ao longo de muitos rios diferentes na Amazónia.

Tínhamos os fundos suficientes para construir uma base de concreto para um edifício de dois andares. Decidi construir com base na fé de que Deus iria honrar este projecto.

Os alunos trabalharam duro e finalmente a base e as colunas estavam construídas. Tinha sobrado um pouco de dinheiro e decidimos fazer os nossos blocos de cimento. Trouxemos areia do rio, e amontoámo-la perto do local de construção. Comprámos cimento, e começámos a trabalhar a fazer os blocos em dois moldes de aço.

Finalmente, os blocos estavam feitos, curados, e empilhados, prontos para Deus fazer mais outro milagre. Estávamos habituados a Deus fazer milagres, e esperámos para ver como é que Ele o faria.

O rádio amador providenciou-nos contacto com o mundo exterior durante décadas. Tínhamos um contacto estabelecido com um amigo maravilhoso, James Pennington, no Ohio, para falar com ele quase todos os dias ao meio dia. Ele era a nossa ligação com a nossa família, igreja, amigos e Equipas de Trabalho e Testemunho. James tinha trazido várias Equipas à nossa selva, e sabia como dependíamos desesperadamente dele.

Um dia, eu tinha terminado o meu trabalho na clínica mais cedo, e fui para casa, um pouco antes do meio dia. Geralmente Addie fazia o contacto com James, mas nesse dia eu estava ao rádio antes dela ter terminado de ensinar a última aula do Velho Testamento no Instituto Bíblico.

"W8LK, W8LK, aqui fala OA9G, à espera," chamei.

"OA9G, OA9G, aqui fala W8LK."

"Olá, James. Daqui OA9G."

Falámos alguns minutos.

"Larry," disse, "David Argabright, em Virgínia, quer que fales com ele ainda hoje, assim que possível."

David era um amigo querido. Ele tinha trazido muitas Equipas de Trabalho e Testemunho à Amazónia, e a companhia dele tinha patrocinado os materiais de construção para todas as igrejas que tínhamos construído juntos. Tínhamos feito muitas viagens nos últimos anos a lugares como o rio Santiago, o rio Morona, e o Maranhão e a vários lugares bastante isolados entre estes. As nossas memórias de David e das suas Equipas eram históricas e cheias de significado.

"Aguenta-te, Larry, eu telefono-lhe, para o conectar contigo."

James iria fazer uma ligação entre o rádio e a linha telefónica, que ele tinha ligado ao rádio. James ligava um interruptor, e tínhamos uma conversa unilateral. Quando o que estivesse a falar acabava, dizia "over", e James ligava o interruptor para deixar a outra pessoa falar.

Esperei que James fizesse a chamada, e perguntei-me sobre o que é que David poderia querer falar comigo.

"OA9G, OA9G, W8LK a chamar."

"W8LK, W8LK, OA9G à espera."

"Larry, o David está na linha, podes falar."

"Olá, David, que bom falar contigo hoje. Como estão todos no teu lado da linha?"

"Larry, queria falar contigo acerca do seguinte: Temos uma Equipa de Trabalho e Testemunho programada para ir à Colômbia em duas semanas, mas, por causa de actividade terrorista o departamento de Estado, e os escritórios centrais da igreja, aconselharam-nos a não ir. Os membros da Equipa tiraram as duas semanas, pagaram os bilhetes de avião, e temos fundos de construção em mão. Já falei com a companhia aérea, e eles podem mudar os bilhetes, mas temos que agir depressa para não perdermos o valor dos bilhetes. Tens alguma necessidade na selva? Se sim, nós mudamos os nossos vôos, trazemos os fundos de construção connosco, e estaremos aí em duas semanas."

Eu estava tão entusiasmado que queria gritar!

"Se temos uma necessidade!" exclamei, "És resposta às nossas orações."

Expliquei a David o nosso projecto de uma biblioteca - como já tínhamos as fundações, e os blocos de cimento, prontos para construir as paredes. Disse-lhe que tudo isso tinha sido um passo de fé.

Ele estava realmente entusiasmado em ver como Deus estava a dirigir, e disse, "Vemo-nos em duas semanas."

"Obrigado, David, estaremos prontos para a vossa chegada. Até daqui a duas semanas."

"Obrigado, James. Falamos contigo amanhã. W8LK, OA9G over e out."

David e a Equipa chegaram duas semanas mais tarde, e construímos a biblioteca, com dois andares. Ainda hoje o edifício está lá, um monumento maravilhoso ao cuidado providencial de Deus, e a dedicação de leigos fiéis que têm mudado o nosso mundo.

20
Restauração

Quando o pastor Carlos[1]* visitou a Igreja do Nazareno em Shushaim, a celebração prolongou-se noite adentro. O grupo tinha acabado de partilhar uma boa refeição -- canja, muita mandioca, e bananas verdes cozidas. A igreja estava lotada com gente encantada pelas muitas histórias que o pastor Carlos dramaticamente contava.

Ele tinha sido convidado e a encorajar os crentes na sua fé. Carlos era um pastor muito dinâmico, de uma área rio abaixo no Maranhão. Todas as tribos o procuravam por causa do seu espírito contagioso e capacidade de desafiar e encorajar a todos. Era um excelente pastor, com uma habilidade especial de comunicar o evangelho. O povo em Shushaim estava hipnotizado com a sua explicação prática da Palavra. A noite foi correndo e todos estavam a ter um bom tempo.

A esposa de Carlos pediu desculpas e retirou-se para ir visitar a família no lado mais longínquo da aldeia. A noite estava muito escura. Ela seguiu uma trilha lentamente, que ia até à cabana da sua família. Estava a entrar numa clareira quando sentiu um golpe forte na parte de baixo da sua perna esquerda, seguido por uma dor forte e intensa. Ouviu o rastejar de um animal pelos arbustos na trilha.

Caiu ao chão, a segurar a perna. Os seus gritos ecoaram pela noite na selva silenciosa, e chegaram a toda a aldeia. O riso na igreja parou, e todos se levantaram, para ver quem estava a gritar.

Imediatamente, o pastor Carlos soube que a sua mulher tinha sido mordida por uma cobra enorme. Carlos e os homens correram pela escuridão. Pouco depois juntaram-se a um pequeno grupo de pessoas, a mais ou menos 20 metros da cabana que a sua esposa tinha intencionado visitar.

"O que aconteceu?" Carlos perguntou.

[1]   os nomes e lugares foram mudados.

Imediatamente, vários pavios de luz fumarentos foram produzidos, lançando sombras tenebrosas no pequeno grupo ajoelhado perto do torturado corpo da sua esposa. Ela retorcia-se e voltava-se com tantas dores.

Carlos inclinou-se sobre a sua esposa e ternamente examinou a perna dela, onde o sangue corria de duas enormes marcas de mandíbulas.

Cuidadosamente os homens carregaram-na para uma cabana próxima e colocaram-na o mais confortável possível. Uma reunião de oração espontânea começou, e desesperadamente pediram pela sua recuperação. Lanternas foram colocadas à volta da cabana e a multidão crescente preparou-se para uma longa vigília.

Os homens buscaram a área à procura da cobra culpada, mas sem sucesso.

Todos reconheceram a seriedade da situação em que ela se encontrava, e decidiram levá-la à clínica da estação da missão, a vários quilómetros de distância. Contudo, não tinham transporte ao dispor, e viajar à noite pelo rio, numa canoa feita de troncos, era simplesmente demasiado arriscado - as contracorrentes, os rápidos e os remoinhos eram muito traiçoeiros.

Lamentavelmente decidiram esperar pela manhã para a transportar em segurança à clínica.

A noite foi insuportavelmente longa, e ela passou a noite ora consciente ora inconsciente. Orações e choro misturaram-se toda a noite.

Com os primeiros raios de luz, os homens prepararam a canoa longa para a viagem rio abaixo. A esposa de Carlos foi gentilmente colocada numa maca de cobertores na canoa. Carlos sentou-se na canoa, com a cabeça da esposa ao colo, enquanto homens com braços fortes remaram a canoa para águas profundas e começaram a longa viagem para a clínica.

Eu tinha acabado de voltar para casa depois da nossa reunião de oração matinal com alunos do Instituto Bíblico quando ouvi vozes excitadas. Saí de casa, a perguntar-me o porquê do burburinho. Reconheci o pastor Carlos à frente do grupo.

"Doutor, por favor, venha à clinica. A minha esposa foi mordida por uma cobra enorme ontem à noite, e está numa condição muito crítica."

Reparei que os seus olhos estavam vermelhos de chorar toda a noite. A sua voz estava carregada de emoção.

"Encontraram a cobra?" perguntei. Tínhamos instruído o povo que sempre deviam trazer a cobra culpada ou ao menos a cabeça, para identificação. Muitos géneros de víboras e jararacas povoavam a Amazónia, nós tínhamos dois tipos de antiveneno. Era imperativo que utilizássemos o antiveneno prescrito para a serpente culpada.

"Não" disseram todos ao mesmo tempo, "procurámos por ela, mas tinha-se escapado."

Que cobra poderia ter feito isto? Perguntei-me. Marcas grandes e profundas à noite poderiam indica uma mordida de surucucu. Esta é a maior jararaca da Amazónia, é nocturna e os sintomas são clássicos.

Tirei um frasquinho do frigorífico, e corri com o grupo para a clínica. Ao examinar, determinei que foi, realmente uma mordida de surucucu. As marcas da mordida eram distantes e profundas.

Administrámos o antiveneno e monitorizámos os seus sintomas. Muitas horas tinham-se passado desde a mordida, e o prognóstico era grave. A sua tensão continuou a cair, e os sinais vitais estavam a ficar mais fracos. Em breve ela entrou num coma profundo, e horas mais tarde, ela entrou na presença do seu Salvador.

Carlos ficou quebrantado, e caiu nos meus braços em soluços. Tentei consolá-lo, mas as palavras pareciam ocas. Pedimos a Deus que colocasse os Seus braços à volta de Carlos, sua família e igrejas, que estariam devastados pela sua partida.

"O que é que vou fazer agora?" perguntou. "Tenho dois filhos, uma menina e um rapaz. Como é que posso evangelizar, visitar igrejas, servir Deus e tomar conta deles?"

Olhei enquanto o grupo exausto levou o corpo da esposa de Carlos num tapete de bambu de volta para a canoa para a levarem para a sua aldeia rio abaixo, a mais ou menos uma hora de caminho. As mulheres choravam incessantemente, seguindo os homens.

Orámos pelo pastor Carlos, pelos seus filhos, e pelo seu futuro. Os dias passaram, e recebi notícias de que ele estava a evangelizar na tribo. Os seus pais estavam a ajudar com os filhos, o que lhe permitia estar activo no ministério mais uma vez.

Meses passaram-se e as notícias do excelente trabalho do Pastor Carlos estavam nos lábios de todos. Estávamos impressionados pela maneira como Deus estava a ministrar a Carlos, e através dele, a outros.

Vários meses mais tarde, ouvi pessoas a falar à entrada da nossa clínica, e fiquei surpreendido de ver Carlos e o seu filho, de oito anos, à espera de tratamento.

Reparei a preocupação profunda, gravada na face de Carlos, geralmente uma face feliz. Quando o convidei para entrar, ele apontou para o seu filho e disse, "Doutor, o meu filho dorme muito, e está sempre sem fôlego. Ele queixa-se de estar sempre cansado, e quer deitar-se para descansar."

Reparei que a criança parecia apática e sem brilho nos olhos. A sua respiração era difícil e rápida. Suspeitei de uma anemia e uma infecção parasitária. Parecia ser o que afligia muitas das crianças na área.

Ao examiná-lo apercebi-me que ele tinha algo muito mais sério. Detectei um sopro no coração bastante sério, causado por uma malformação de uma válvula congénita. *Como é que explico isto a Carlos, depois de tudo o que ele já passou?*

Disse a Carlos o que tinha encontrado, e acrescentei que o iríamos ajudar a levar o seu filho para ver um cardiologista na cidade costeira de Chiclayo.

O pastor Carlos levou o seu filho na longa viagem até ao litoral. Era tão difícil tentar explicar uma situação cardiológica complicada a indivíduos com um conhecimento de anatomia humana bastante limitado. Sabia que o cardiologista tinha gráficos e poderia explicar a situação a Carlos.

Dias passaram-se e eles finalmente retornaram à selva com notícias inquietantes. O sopro da criança era realmente causado por um problema cardíaco congénito muito grave, e o seu prognóstico era sério. O cardiologista informou-nos que não havia tratamentos de sucesso, e que o tempo da vida do rapaz seria curta.

Carlos ficou devastado, mas a sua fé ficou intacta. Ele devotou-se a cuidar do seu filho.

Pouco tempo depois ouvi dizer que o coração do rapaz se tinha finalmente esgotado, e Jesus tinha-o levado. Fui ver Carlos, e ofereci-lhe os meus pêsames pela sua perda incrível. Soluços acometeram-no enquanto ele se agarrou a mim, derramando a sua alma perante Deus.

Deus é fiel em usar oração, gente e tempo para trazer cura. Carlos trabalhou fervorosamente, a pregar, evangelizar, e a encorajar igrejas perto e longe. Ele também tinha maravilhosas capacidades de liderança e administração.

O dia chegou em que ele foi eleito superintendente distrital do vasto distrito da Amazónia, agora chamado Amazónia Peru. Sob a liderança de Carlos um novo entusiasmo reinou sobre a Amazónia. Ele visitou igrejas e encorajou tanto pastores como leigos. Ofertas e dízimos nunca tinham sido tão elevados. Os ministérios de compaixão cresceram, e a igreja vivenciou uma energia renovada a todos os níveis. Nenhuma igreja era pequena demais ou longe demais que ele não a fosse visitar e encorajar. Estávamos um pouco preocupados que ele se esgotasse. Noite após noite, ele pregou, aconselhou e exortou os fiéis.

Os pais de Carlos moravam em Shushaim, e tomavam conta da filha dele. Carlos visitava a sua família sempre que estava na zona. Ele sentia falta da esposa, e as noites eram longas e solitárias. Numa visita ele encontrou uma antiga namorada, de há muitos anos atrás. Ela morava com o marido em Shushaim. Os seus contactos frequentes levaram a algo mais que amizade e os encontros deles levantaram a desconfiança do marido dela.

O marido ouviu Carlos a mencionar a data da sua próxima visita à aldeia. No dia antes da antecipada visita, o marido disse à sua esposa que ele tinha de se ausentar durante alguns dias, para tratar de alguns documentos relacionados com o seu trabalho de professor de escola bilíngue.

Carlos chegou no dia seguinte e descobriu que o marido não estava. Secretamente contactou a esposa, e encontraram-se na cabana dela, à coberta da escuridão. Antes da primeira luz, ele deixou a cabana para ir para a igreja vizinha.

Era uma manhã escura e húmida, e tudo estava tranquilo na estreita trilha que passava pela pequena escola. Ao passar a última curva na trilha, antes de chegar ao campo de futebol, ele viu pelo canto do olho uma figura sombria a correr na direcção dele.

Instintivamente, ele tomou uma posição defensiva, mas tarde demais. O marido, desconfiado, tinha saído da aldeia, mas tinha voltado para confirmar as suas suspeitas. Carlos viu uma mão erguida, e sentiu uma dor aguda quando um objecto foi enfiado no lado da sua cabeça.

Pôs a mão à cabeça e sentiu um líquido morno. Deu alguns passos e desfaleceu, numa poça de sangue.

Carlos quase sangrou até à morte nessa manhã trágica. Um dos homens da aldeia estava a passar e viu o que parecia ser um corpo, deitado nas sombras. Encontrou Carlos, desmaiado numa enorme poça de sangue com um buraco aberto perto da testa.

O homem pediu ajuda, e uma multidão juntou-se. Um dos tios de Carlos tentou parar o correr do sangue, pondo pressão no lado da cabeça. Homens carregaram o homem gravemente ferido duas horas pela estrada de terra batida que levava a Bagua.

As mulheres da aldeia choravam e cantavam o cântico de morte enquanto esperavam que um veículo qualquer passasse na estrada em direcção a Bagua. Finalmente uma camioneta cheia de gente aproximou-se. Carlos foi colocado no atrelado, e a camioneta apressou-se em direcção ao hospital local.

Quando chegaram Carlos tinha perdido uma enorme quantidade de sangue, e os seus sinais vitais eram devastadoramente fracos. O doutor local coseu a artéria danificada para parar a hemorragia. Todos respiraram com alívio, e esperaram ansiosamente. Sem aviso, a artéria rompeu outra vez, e causou mais perda de sangue, mas foi suturada novamente, de forma final. Carlos segurou-se à vida literalmente por um fio.

Notícias do incidente e da sua situação precária chegaram até nós. Descobrimos que um marido ciumento tinha atacado Carlos com uma chave de fendas, que penetrou uma artéria principal. Ficámos devastados pelas notícias da condição física de Carlos e do seu deslize no pecado.

Um grupo de nós fez a longa viagem a Bagua para ver e orar com o Carlos. Ele já estava fora de perigo, e iria sobreviver esta provação. A princípio ele negou o caso, mas em breve admitiu a verdade e começou o processo de recuperação de corpo e alma.

Carlos foi disciplinado e começou na longa viagem de restauração. Perguntei-me como esta trágica situação iria afectar as nossas igrejas e o estado de espírito dos pastores.

Deus sempre tem alguém preparado em situações de crise. O pastor Enrique foi nomeado superintendente distrital. Deus usou-o para trazer cura e restaurar confiança na liderança da igreja.

Os dias passaram-se, e tivemos pouco contacto com o Carlos, que agora tinha voltado à aldeia onde moravam os pais da sua falecida esposa. Os meses passaram e ocasionalmente encontrávamos Carlos, que frequentava uma igreja pastoreada pelo seu sogro. Ficámos satisfeitos por saber que ele tinha entregue de novo a sua vida ao Senhor e que era uma grande benção para esta igreja.

Vários anos mais tarde Carlos casou com uma jovem dessa igreja. A aldeia tinha crescido de tal modo que uma nova aldeia foi estabelecida no outro lado do rio de onde moravam os seus sogros, e ele e a sua nova esposa mudaram-se para lá.

O longo período de disciplina chegou ao fim, e o pastor Carlos foi reintegrado no ministério. Ele plantou uma igreja na nova aldeia. Esta cresceu rapidamente sob a sua liderança, e quase todos na nova aldeia frequentavam o novo edifício de bambu que tinham edificado para louvor.

Ficámos felizes por ver como Deus tinha restaurado o Carlos e o tinha trazido de volta ao ministério. Anos depois uma Equipa de Trabalho e Testemunho construiu uma nova igreja de madeira naquela aldeia. Todos na equipa amaram o pastor Carlos.

O pastor Carlos visitou-me em muitas ocasiões, e ficámos gratos a um Deus amoroso, que dá segundas oportunidades a quem não merece, como nós. Com o passar dos anos o pastor Carlos tem provado que a graça de Deus é suficiente. Ele é mais uma vez, um pastor excelente, maduro e bem-sucedido no distrito da Amazónia.

21
Calamidade de Querosene

Um dia ocioso na selva, estava eu a gozar um pouco de tempo livre quando um nosso vizinho rio acima veio pedir um favor. O seu nome era Kunchiwi, e ele era um dos nossos mais queridos amigos. Usava o típico etipak (uma saia para homens) atado à volta da cintura com uma liana fina a servir de cinto. Os pés dele nunca tinham conhecido um par de sapatos, e provavelmente nunca o fariam. O cabelo dele era preto como carvão, comprido e deixado solto sobre ombros magros.

Kunchiwi deu-me um sorriso rápido e amigo, expondo dentes que ao longo do tempo se tinham desgastado, por ele comer algumas nozes duras que lhe tinham deixado uma mancha escura permanente nos dentes. Ele tinha mais ou menos a nossa idade, mas insistia em chamar-nos Mom e Dad [Mãe e Pai], para grande mortificação da Addie.

"Doutor, pode levar-me rio abaixo a casa do Lourenço, no seu barco, para eu trazer a minha mulher e filhos de volta rio acima? Eles têm estado lá a preparar sal de um ribeiro próximo, e não tenho maneira de os trazer de volta."

O povo no Amazonas superior fazia o seu próprio sal de ribeiros com conteúdo de sal muito alto. Iam em grupos para ferver a água num tambor de aço enorme, antes usado para óleo.

Depois da água ferver durante horas um resíduo castanho, e salobro, formava-se em cristais grandes no fundo do barril. Estes cristais de sal eram então colocados em grandes cestos tecidos com folhas de bananeira verde frescas. O sal era coberto com essas folhas e atado com lianas finas. Os cestos pesavam um pouco mais de 11 Kg cada um, e durariam muitos meses para uma família. Sal era quase o único condimento usado para temperar a comida.

Ao chegar a casa, a família tira sal do cesto suficiente para encher cestos mais pequenos. Atam esses cestos ao telhado, imediatamente acima dos três troncos usados para fazer a fogueira de cozinhar. O calor da fogueira mantém o sal seco, e os cestos tornam-se negros por causa do fumo que sobe em espirais.

Eu amo o rio, e qualquer desculpa para ir andar de barco é bem-vinda. Addie estava a preparar o pequeno almoço e disse que ia estar pronto em mais ou menos meia hora. Virei-me para os nossos três filhos, Rusty, Greg e Candy, e perguntei-lhes se queriam fazer uma curta viagem rio abaixo.

"Sim," responderam, e foram na direcção do barco.

Despedi-me de Addie e do nosso filho de oito meses, Tim, e fui para o rio. Liguei o motor e disse a Rusty que desatasse o barco e nos empurrasse. Saímos do porto e fomos na direcção do rio Maranhão.

Não há nada como uma brisa fresca a soprar na cara num dia quente e tropical. O céu estava azul e limpo, e a vista incrível desenrolou-se perante os nossos olhos. Vimos muitas bananeiras, com a fruta a amadurecer num amarelo muito bonito. As crianças viram papaias cor de laranja, amadurecidas ao sol, penduradas nas árvores altas, à espera de serem apanhadas. Fumo subiu de um novo quintal que estava a ser queimado para plantar mandioca, bananas e milho.

O povo da área usa o método de cortar e queimar para plantações. Seleccionam uma área perto do rio, com uma colina, para o seu futuro quintal. Os homens então cortam os arbustos, e as lianas entrançadas nas árvores vizinhas. Uma vez que o solo esteja a descoberto, as árvores são cortadas, expondo a área aos efeitos secantes do sol.

A área é então deixada secar completamente por mais ou menos três meses, debaixo do implacável sol tropical. Homens e mulheres cortam ramos e arbustos em pedaços mais fáceis de manobrar, e amontoam-nos para serem queimados. As mulheres então trazem tochas acesas nas fogueiras em suas casas para acenderem os ramos. O som estalante da madeira seca a ser consumida por este inferno é incrível, e o carbono produzido pelo fogo serve como nutriente para o solo.

Em breve a chuva chega e torna o solo mais fácil de plantar. As mulheres plantam ramos da planta de mandioca e cavam buracos para pequenas bananeiras. Depois disso milho é espalhado entre estas plantações, e a natureza toma o seu curso.

Depois de uma curva no rio, a cabana e os quintais do nosso amigo Lourenço podiam ser avistados. Lourenço sempre vinha a nossa casa para nos vender toranjas, bananas, amendoins e outras coisas necessárias. Ele também estava descalço, mas usava um par de calças velhas, atadas à cintura um cinto muito usado. O cinto parecia que o estava a cortar em dois, porque o tinha apertado tanto. Ele e a família geralmente faziam a viagem por canoa aos domingos para frequentar o culto e escola dominical debaixo das árvores.

Entrámos na área arenosa perto da casa de Lourenço. O Rusty saltou do barco, e segurou a corda retesada, enquanto carregámos os pesados cestos cheios de sal para dentro do barco. Kunchiwi, Justina, os seus filhos e o seu cão saltaram a bordo para a viagem de volta rio acima.

Despedimo-nos de Lourenço e da sua esposa e virámos o barco rio acima.

Para ir contra a corrente fomos mais perto da margem, onde a corrente é mais fraca. Num barco de madeira, comprido, sempre buscamos a parte do rio onde a corrente não é tão rápida. Isso é geralmente o lado de dentro das grandes curvas no rio.

Em frente, podíamos ver a nossa casa branca, perfeitamente colocada debaixo de um céu limpo e azul, com as colinas verdejantes a elevarem-se suavemente por trás dela. Estávamos a progredir bem, e estávamos ansiosos por um delicioso pequeno almoço. À distância, vi alguém a acenar-nos, da margem abaixo da nossa casa.

Quem poderá ser? Perguntei-me.

Kunchiwi e a sua família estavam sentados nas tábuas a meio do barco, a apreciar as vistas familiares que os seus antepassados tinham apreciado há séculos. Os nossos filhos tinham focado a sua atenção na pessoa no quintal, que estava agora a correr ao longo da margem, de um lado para o outro, a acenar freneticamente.

Fiz uma pala com a mão, para proteger os olhos do sol, e apercebi-me que era a Addie. Estava a segurar Tim ao colo com uma mão e acenava desesperadamente com a outra, como se a chamar-nos para nos apressarmos.

Há algo de errado com o bebé!

Acelerei o motor ao máximo, e o barco deslizou pela água. Saímos do Maranhão e entrámos no Kusu a velocidade máxima. Agora podia ouvir Addie a chorar. Ela correu para o porto, e apontou para Tim.

"Rusty! Toma conta do barco, e ata as amarras," gritei.

Desliguei o motor e corri o comprimento do barco enquanto este flutuou para a margem. Quando bateu na margem lamacenta, saltei dele e corri colina acima para a Addie.

"O Tim bebeu querosene," ela chorou. "Ele não está a respirar."

Agarrei o Tim das mãos de Addie e corri para casa com ela nos meus calcanhares.

"Faz uma solução forte de bicarbonato de sódio," disse-lhe.

"Já tentei dar-lhe bicarbonato de sódio, mas ele não tomou," Addie chorou, lágrimas a correrem-lhe pela face.

"Dá outra vez," repeti. Respirei para dentro da boca de Tim e pude cheirar a querosene. Ele estava flácido, e sem cor, mas continuei a fazer respiração boca a boca. Addie fez uma forte solução de bicarbonato de sódio, que forcei pela garganta abaixo do bebé. Ele engoliu o líquido, e então o seu corpo reagiu. Vomitou grandes quantidades de bicarbonato misturado com querosene.

Continuei a respirar para dentro da sua boca, e a orar ao mesmo tempo. Um momento mais tarde, Tim abriu os olhos e começou a respirar por si mesmo.

Estávamos a chorar, a orar, e a louvar a Deus ao mesmo tempo. As crianças estavam aterrorizadas, mas quando o Tim começou a respirar, o alívio no quarto onde estávamos era palpável.

Quando a crise acabou, perguntei a Addie, "como é que o Tim chegou à querosene?"

"Enquanto eu estava a fazer o pequeno almoço, ele gatinhou pelo chão da cozinha."

O nosso fogão era a querosene, que vinha de um tanque montado na parede da cozinha, mais ou menos a um metro e meio de altura do chão. Eu enchia o tanque com querosene várias vezes por semana, e a gravidade fazia o resto para alimentar o fogão.

Eu estava sempre a trabalhar no velho fogão para o manter a funcionar. O tanque vazava um bocadinho, onde se ligava ao tubo, o que causava a querosene a gotejar no chão. Eu tencionava arranjar o vazamento. Entretanto, tinha colocado um copo metálico para apanhar as gotas insignificantes até fazer o arranjo.

Tinha-me esquecido de esvaziar o copo nessa manhã, e o Tim tinha gatinhado até lá, e tinha bebido o conteúdo do mesmo. A Addie viu-o com o copo na mão, mas não lhe chegou a tempo.

Arranjei o vazamento no tanque imediatamente, e mais uma vez dei graças a Deus por responder às nossas orações.

Generosidade

Tinha acabado de receber notícia de que 34 placas de telhado ondulado tinham sido roubadas na noite anterior do local de construção da igreja de Malvinas.

O pastor estava preocupado quando me telefonou para me dar essa notícia. Ele disse que um casal mais idoso da sua igreja, Maria, e o seu marido mais velho, estavam a dormir no velho alpendre, e não tinham ouvido os intrusos a entrar pela cerca na área onde a nova igreja estava a ser construída. O casal tinha-se oferecido para dormir lá e proteger os materiais e equipamento de construção, porque a possibilidade de roubo era uma ameaça constante.

Voltei à mesa de pequeno-almoço, onde a Equipa de Trabalho e Testemunho estava a acabar a sua refeição. Mencionei casualmente o roubo a Sherry e Scott, que estavam prestes a ir para o aeroporto para voltarem aos EUA. Sherry deu-me 100 dólares e disse-me para os usar no trabalho.

Agradeci-lhe, e anotei na minha mente que este dinheiro provavelmente pagaria metade do material de telhado roubado.

Mais tarde, fui a Malvinas e disse ao povo que não se preocupasse, porque a obra era do Senhor, e Ele trataria da situação. Ficaram aliviados por saber que não os culpávamos pela perda. Soube que, de facto, tínhamos perdido 34 placas de telhado ondulado, com um valor aproximado de 584.8 soles (a moeda peruana).

A Equipa de Trabalho e Testemunho tinha acabado de construir uma outra igreja, e iam, nesse dia, sair para os EUA. Carregámos a bagagem deles e fomos levá-los ao aeroporto. Tivemos um tempo de oração final com a Equipa, e agradecemos-lhes a contribuição deles para o trabalho na selva. Ficámos a obseervar então enquanto a equipa passou a segurança, acenando enquanto desapareciam ao longo do corredor a caminho do avião.

Virei-me para ir, e Addie veio ter comigo, e deu-me uma mão cheia de dinheiro. "A equipa deu-me isto, logo antes de passarem pela segurança," disse-me.

Era dinheiro peruano, que totalizou 582.5 soles. Tirei a calculadora do bolso e calculei o preço das 34 placas de telhado. No total, custariam 584.8 soles -- 2.5 soles a mais do que a equipa nos tinha oferecido. Essa oferta, somada aos 100 dólares que nos tinham sido oferecidos alguns dias antes, permitiam-nos fazer ainda mais que a perda que tínhamos sofrido.

Deus é bom, não é?

Graças a Deus pelo povo fiel e generoso das Equipas de Trabalho e Testemunho!

Aquela Noite Inesquecível

Acordei de um sono profundo por volta das onze da noite quando ouvi alguém a chamar o meu nome da rua. Agarrei uma lanterna, vesti-me rapidamente e corri para a porta.

"Doutor, há duas mulheres da aldeia de San Rafael numa canoa, extremamente doentes," explicou-me o homem, nas sombras. "Ambas tiveram dentes arrancados durante o dia e agora estão em condição grave."

Uma equipa médica, formada pelo Dr. Iman, um pneumologista, dois assistentes médicos, Jeff e Brenda, e um grupo de apoio, tinham vindo a Novos Horizontes para trabalhar na nossa clínica durante alguns dias. Eles tinham trabalhado três dias, a tratar pacientes e a aliviar muito do sofrimento nesta parte da selva.

Tínhamos planeado ir a San Rafael, uma aldeia grande a duas horas rio acima, para fazer uma clínica médica e dentária. O plano tinha sido enviar o nosso barco de carga para onde o rio Chiriaco encontra o Maranhão. Levaríamos a equipa de camioneta até esse local e daí transportávamos todos por barco para a aldeia. Isso pouparia muito tempo, visto que viajar de barco da estação da missão até onde os rios se uniam era mais lento e mais longe.

Mandámos o longo barco de carga antes de nós. Depois disso carregámos a camioneta, e saímos, sob um céu carregado de nuvens. Meia hora depois de começarmos, a chuva começou a cair, e todos se juntaram debaixo de um telhado de plástico improvisado no atrelado da camioneta. Chegando ao local combinado, continuámos a nossa vigília sob o plástico, uma vez que a chuva continuava torrencial.

Desci da camioneta para ver se o barco já tinha chegado ao local onde nos tínhamos combinado encontrar. Esperámos, e esperámos, mas de barco, nada. A chuva ficou ainda mais forte. Pouco depois, o superintendente distrital veio na sua pequena lancha para nos dizer que uma das hélices do motor do nosso barco tinha caído à água. Tinham-se esquecido de colocar a cavilha de segurança, para que a porca não saltasse.

"Felizmente, conseguiram voltar ao porto, flutuando com a corrente," assegurou-nos. "Conseguiram por a hélice de um outro motor. Devem estar a chegar."

Entretanto, esperámos os dois debaixo de um telhado de palha que deixava entrar água.

À distância ouvi o ruído de um motor a aproximar-se. Finalmente o nosso motorista e o seu ajudante chegaram. Ambos estavam agachados na parte de trás do barco, cobertos com plástico, e a tremer por causa do vento agreste. Carregámos o barco, e partimos para San Rafael.

Eu não estava feliz porque somente há dois dias atrás eu tinha discutido com o nosso motorista a instalação de uma nova hélice, e a importância de colocar propriamente a cavilha de segurança.

Agora, a caminho, com a chuva a parar, tudo parecia estar a melhorar - até entrarmos na parte errada do rio, e tivemos que recuar, por causa de bancos de areia.

O vento frio estava húmido, e a nossa roupa molhada estava colada aos nossos corpos como dedos gelados. Finalmente voltámos ao canal principal do rio e lentamente fomos passando as muitas curvas nesta parte tortuosa do rio. Podia ver o nosso destino final, o pequeno porto de San Rafael.

Uma pequena, e ansiosa, multidão estava à nossa espera, o que nos fez sentir como se fôssemos celebridades. Guiámos o longo barco entre várias outras canoas a flutuar gentilmente nas águas mais calmas.

Depois de cumprimentos, abraços e apertos de mão, fomos andando a subir uma colina lamacenta. A Linda escorregou, e torceu o punho. A Brenda escorregou e caiu sentada na lama. Os peruanos cobriram as bocas com as suas mãos para não rirem alto à vista desta gente de cidade.

Finalmente, chegámos aos arredores da aldeia. Atravessámos uma última ponte, subimos uma pequena colina, e alcançámos o cume, a mais ou menos 50 metros do centro de San Rafael. Os aldeões levaram-nos onde iríamos dormir, e aí pendurámos as redes contra mosquitos, e colocámos os nossos sacos de dormir nas camas de cana de bambu cortadas ao meio, ao longo de uma das paredes do velho edifício da igreja. Crianças e adultos espreitavam pelas frechas para tentar ver estas pessoas um pouco estranhas do mundo exterior.

O pastor Jorge mostrou-nos onde estavam as latrinas, ao longo de uma trilha lamacenta e inundada. Era uma casa de banho típica da selva. Esta seria uma experiência nova e inesquecível para estas corajosas pessoas dos EUA.

Visto todas as nossas necessidades de acampamento estarem supridas, montámos a clínica, com cortinas a formarem diferentes secções de um edifício mais velho. Duas das secções foram preparadas para o Dr. Iman, os assistentes médicos e José, o meu enfermeiro, que levaria a cabo algum trabalho dentário. Formaram-se filas, e começámos a tratar os aldeões. O José começou a arrancar dentes assim que a anestesia local permitiu.

O Dr. Iman e a equipa examinaram, diagnosticaram e deram medicamentos à população local. A atmosfera era eléctrica. Esta era a primeira vez que um grupo de profissionais de saúde tinha visitado a aldeia, e o povo estava eternamente grato.

Em breve caiu a noite, a clínica foi fechada, e fomos levados a um salão enorme, onde sopa de coração de palma, quente, com pedaços de lagarta cortados estava à nossa espera. Montes de mandioca e bananas cozidas estavam em folhas de bananeira, na mesa perante nós. A sopa era deliciosa, mas os membros da equipa tiveram que fazer um grande esforço para colocar estes pequenos petiscos nas suas bocas.

Ao longe ouvimos as notas claras, e agudas, da enorme concha de caracol a ser tocada, para anunciar o culto que iria começar dali a poucos minutos.

Toda a aldeia se mudou para o maior edifício da comunidade - a igreja. Pequenas lanternas de pavio foram colocadas à volta da igreja, lançando um brilho amarelado e fumarento. O culto estava repleto da presença de Deus, e culminou com uma chamada ao altar incrível. Caímos nas nossas camas, exaustos por volta das 9:30.

Sexta feira acordámos com o som rítmico da chuva a cair no telhado ondulado. Depois de um pequeno-almoço de mandioca, ovo cozido e chá doce de limão, começámos a clínica e continuámos até por volta das 11 da manhã. O José arrancou cerca de 50 dentes, e as duas salas de tratamento atenderam muitos pacientes.

Um membro da equipa vestiu-se de palhaço, e entreteve tanto crianças como adultos. As senhoras ofereceram escovas de dentes e pasta de dentes às crianças, e ensinaram-nas a usar estas ferramentas. Então as crianças foram para a sala de jantar, e coloriram com lápis de cera pela primeira vez nas suas vidas. Até os mais velhos quiseram fazer esta actividade. Havia pessoas dum lado para o outro, a admirarem a arte de cada um, e a rirem.

Algumas das senhoras brincaram com as crianças na rua com uma enorme bola de praia com um sorriso pintado. Era maravilhoso ver as crianças a divertirem-se, a rirem, a correr. Como sempre, eu estava feliz por ver como as duas culturas se podiam misturar, mesmo que só comunicassem com gestos e sorrisos.

Alguns dos homens e mulheres envernizaram a frente e os lados da enorme igreja. Quando acabaram, o edifício brilhava com frescura, e todos recuaram um pouco para admirarem o seu trabalho.

Um almoço de frango e massa foi servido por gente grata pela visita de amigos de um outro país. Arrumámos a clínica e as nossas coisas de dormir, despedimo-nos, e fomos para casa por volta das duas e meia da tarde. Muitos dos aldeões acompanharam-nos até ao porto e acenaram, enquanto o nosso barco se distanciou da margem. Chegámos sem percalços à estação da missão de Novos Horizontes - cansados, mas felizes e gratos a Deus pela maravilhosa experiência na aldeia.

A Addie estava doente, e de cama, quando chegámos. Ela tinha uma tosse terrível e estava exausta. Tinha-se levantado muitas manhãs seguidas às 4 da manhã para arranjar pequeno-almoço para as muitas Equipas nesse ano, e agora o seu corpo estava a queixar-se. A Addie tinha um coração de serva, e além de cozinhar para as Equipas, ela continuou a ensinar a tempo inteiro no Instituto Bíblico.

O Dr. Ima examinou-a e ouviu pieira no pulmão direito dela. Diagnóstico: pneumonia. Ele começou os antibióticos, inalador, prednisone e vaporizador. Eu estava bastante preocupado, mas grato por termos connosco um pneumologista. Não é incrível como Deus providencia para cada uma das nossas necessidades, na altura certa?

Todos nos fomos deitar cedo. Eu estava a dormir profundamente quando ouvi alguém chamar o meu nome.

A minha mente estava ainda um pouco enevoada, a tentar digerir as notícias acerca de San Rafael.

"Diz-me que tem dois pacientes à espera na canoa? Traga-os para a clínica," disse eu, alcançando os meus sapatos.

O homem correu pela estrada de cascalho para o porto, e eu fui acordar o Dr. Iman, e fomos para a clínica no ar húmido da noite. Abri a porta, indiquei onde as duas macas podiam ser levadas, para as pacientes serem colocadas nas mesas de exame.

Uma das senhoras tinha uma grave hemorragia de onde um dente tinha sido arrancado, e estava em coma. A outra estava quase em coma. Rapidamente colocámos sacos intravenosos em cada uma delas e orámos para que Deus trabalhasse. José fez um penso na senhora com a hemorragia, e sentámo-nos para a longa vigília.

Algum tempo depois as duas começaram a reagir um pouco. Estávamos confusos porque é que a senhora sem hemorragia estava em tal estado. O Dr. Iman pensou que talvez ela estivesse em choque séptico, mas ela não tinha febre. Estávamos a monitorizar os sinais vitais das duas, e a tentar determinar a causa disso. Apesar do dente dela ter sido arrancado nessa manhã, não havia sangramento.

Cerca da meia noite e meia, estávamos ligeiramente encorajados pelo progresso delas, quando ouvi uma agitação na rua, ao lado da clínica. Um grupo de homens tinha acabado de chegar de San Rafael. Animadamente explicaram-nos que muitos dos que tinham tido dentes arrancados estavam a ter contracções severas dos músculos das extremidades e estavam a desmaiar.

Ficámos espantados. O líder destes amigos de Job afirmou que estavam todos a morrer.

Tentámos acalmá-los, e dizer-lhes que as duas senhoras na clínica estavam a melhorar. A única coisa que podíamos pensar era que o medicamento que lhes tínhamos dado para as dores estava a reagir com a anestesia local. A equipa tinha trazido uma medicação para dores relativamente nova nos EUA que era evidentemente forte demais para a população local.

Queriam que fôssemos à aldeia, ou que todos os que estavam doentes viessem à clínica. Escolhemos a última opção, assegurando-os que tudo correria bem. O nosso motorista foi com a lancha à uma e meia da manhã à aldeia para trazer os que estavam em perigo.

Felizmente o céu estava um pouco mais claro, e ele conhecia o rio como a palma da mão. As nossas duas pacientes estavam a melhorar. Deixámos José na clínica para tratar delas, e voltámos para a casa, para descansar até que o barco voltasse com os outros.

Tentei dormir um pouco, mas sem sucesso, com medo do que pudesse acontecer. Orei e tentei desesperadamente descansar, mas imagens de gente em convulsões e coma continuaram a assombrar a minha mente.

O conhecimento da natureza supersticiosa do nosso povo causou-me grande preocupação. Levantei-me e fui sentar-me na sala de estar, à espera do barulho do motor do barco.

E se alguns destes morressem? Que repercussões estariam à nossa espera?

Uma eternidade pareceu passar-se até ouvir o rugido à distância. Olhei para o relógio - quatro da manhã. Pela janela, olhei para o Maranhão, espraiado diante de mim como uma fita torcida à distância. As colinas estavam cobertas por um nevoeiro denso, que se estendia pelo vale abaixo como um cobertor molhado.

"Dr. Iman," chamei, ao levantar-me da minha cadeira. Perguntei-me o que o barco traria na calma desta manhã de incertezas.

Fomos pelo cascalho com lanternas em mão.

121

José cumprimentou-nos com as notícias maravilhosas de que as duas pacientes estavam alertas e fora de perigo imediato. O pastor Jorge Wamputsag veio no barco com três pessoas da aldeia que tinham tido reacções severas às extracções dentárias. Ele relatou que todos os que tinham estado gravemente doentes estavam agora a recuperar. Que palavras maravilhosas!

Com o nascer do dia, reinava o optimismo. Apesar de cansados, tínhamos um grande sentido de alívio. Mais tarde nesse dia, todos voltaram para a aldeia, excepto a senhora com a hemorragia severa. Concluímos finalmente que todos tinham experimentado talvez reacções severas a uma combinação de medicamentos.

No domingo, o último paciente voltou para a aldeia, e demos graças a Deus que Ele tinha feito o que tinha dito, e tinha respondido às nossas orações.

Moisés e a Máquina Industrial

Havia lama em todo o lado, e a nossa carrinha escorregou e saltou de buraco para buraco, coberta de água da cor de café. Viajar estava a ser lento e difícil; alguns desses buracos tinham bordas quase tão altas como o carro. Era bem cedo de manhã, e havia nuvens escuras acima de nós como um enorme cobertor molhado. Estávamos a viajar ao longo do turbulento rio Maranhão - as suas águas a subir a cada minuto, por causa de uma chuvada anterior.

Ao fazer uma curva na estrada (não, uma estrada não, era uma trilha tramada), vimos vários camiões enfileirados junto ao ribeiro Umukê, que esvaziava o seu conteúdo no Maranhão. A ponte de aço que cobria os 9 metros e pouco do rio geralmente tranquilo tinha desaparecido. Olhámos rio abaixo para onde a água se encontrava com a força zangada do rio maior.

Homens e tractores estavam freneticamente a tentar atravessar o rio impetuoso com os camiões. Tínhamos atravessado este ribeiro muitas vezes, mas nunca tínhamos visto isto - este pequeno ribeiro era um rio furioso. Antes disso, o rio tinha chegado a atingir uma altura de mais de 6 metros, e tinha arrastado a ponte facilmente. Mais uma vez observámos o borbulhento Maranhão, e perguntámo-nos como é que uma ponte pode simplesmente desaparecer.

Tínhamos deixado a cidade costeira de Chiclayo no dia anterior, depois de termos carregado os nossos suprimentos em camiões que os iriam transportar pelas montanhas do Andes. O nosso veículo estava lotado com sete pessoas, malas, e itens perecíveis como fruta, vegetais, e caixas de esferovite cheias de carne congelada.

O primeiro dia de viagem tinha-nos levado a Bagua Chica, uma pequena vila no outro lado das montanhas, perto da beira da selva.

Estacionámos o nosso veículo ao lado da estrada, a mais ou menos 50 metros do ribeiro. Os homens e as máquinas industriais trabalharam o dia inteiro, e nós ficámos a ver, à espera de ver o nível da água a descer, para nos permitir atravessar o furioso ribeiro.

A tarde passou, e a escuridão cobriu a selva. Preparámo-nos para passar uma longa noite no nosso carro.

Tim, o nosso filho de oito anos, ficou bastante doente, com vómitos e disenteria. Mudámos a carga nas traseiras da nossa carrinha, e criámos um espaço para ele se deitar.

Durante toda aquela noite, longa e fresca, ouvimos o rugido da água a esmagar-se sobre enormes rochedos, na sua corrida louca para o Maranhão. Finalmente, os primeiros raios de luz romperam a escuridão, e os nossos corpos torcidos saíram daquele espaço restrito.

Fui a pé até ao ribeiro, com esperança de ver que o nível de água tinha descido. Em vez disso, o que me cumprimentou foi um rugido de água e ondas enormes, a saltar de rochedo em rochedo. Este paraíso tropical, tornado atoleiro, em breve estava cheio de gente a andar em todas as direcções. Todos os olhos estavam fixos no pequeno ribeiro que nos impedia de continuar a viagem.

Em breve, os tractores tinham acordado, e a equipa na estrada trabalhou febrilmente para levar os enormes tractores Volvo a atravessar o ribeiro - camiões cheios de coisas perecíveis, que tinham de chegar ao mercado antes de apodrecerem.

Assistimos a esta fascinante cena de humanidade contra a natureza. A água chegava até às portas dos enormes camiões enquanto estes estavam a ser puxados, apesar da pressão implacável da água a grande velocidade.

Imediatamente rio acima de onde a ponte tinha estado, uma enorme conduta levava petróleo cru, da selva inferior até ao litoral. A conduta, com um diâmetro de mais ou menos um metro e meio, e talvez nove metros acima do ribeiro, estava dobrada por causa da força da cheia. A conduta teve que ser reforçada rapidamente, para não romper e despejar quantidades enormes de petróleo por refinar no ribeiro, e consequentemente, no rio maior.

A manhã em breve se tornou tarde. Estávamos cansados e com fome, e o Tim continuava bastante doente. Eu estava preocupado. Durante a manhã tínhamos feito amizade com o capataz de construção, e ele entendeu a nossa situação.

"Lá vai outro Volvo a atravessar o ribeiro!" gritou alguém.

Corremos para a margem, para ver a enorme máquina a puxar este tractor imenso para as águas furiosas.

"Olha, vê aquilo."

A água tinha entrado pela porta adentro e tinha inundado o compartimento do motor. O condutor agarrou-se com unhas e dentes até a máquina e o tractor terem saído do ribeiro na outra margem do rio. Tentou ligar o veículo, mas havia água no cárter, o que tornou o veículo inoperável.

"Não há maneira de podermos atravessar o ribeiro assim com a nossa carrinha," exclamei. "A água vai acima do nosso telhado. Não podemos continuar."

Desilusão acometeu-nos, e começámos a preparar-nos mentalmente para passarmos outra noite.

Alguns minutos mais tarde, o supervisor aproximou-se de mim e apresentou-me uma ideia louca para nos ajudar a atravessar o ribeiro.

"O nível da água não está a descer, e parece que ainda vai subir mais. Se quiserem, temos de agir depressa."

Olhei para a nossa família, enlameada, cansada, cheia de fome, e disse, "Vamos!"

"Leva a carrinha para perto da beira do rio, e abre o capô." Fiz como ele disse, e perguntei-me o que é que ele estava a planear.

Ele removeu a tampa do distribuidor, e embrulhou-o fortemente com plástico, selando-o. Depois disso, atou uma corda bem grossa ao chassis da carrinha, e gesticulou para a grande máquina se posicionar em frente dela, onde atou a outra ponta da corda a essa máquina monstruosa.

A corda estava atada seguramente, e ele gesticulou para outra máquina se colocar onde ele queria. Este tinha um tanque sólido de aço ligado ao lado esquerdo - era uma máquina usada para instalar postes telefónicos. O tanque provavelmente tinha 3 metros de comprimento, e estava a 1,8m da estrada. Era, na verdade, um contrapeso para quando a máquina tinha de levantar enormes pesos no ar.

"Diz à tua mulher, filha e ao mais pequeno, que entrem na máquina maior, o que tem o tanque. Os teus filhos mais velhos devem trepar o mais alto que puderem na máquina que vai puxar a carrinha," instruiu. "Tu podes sentar-te no lugar do motorista e mantém as rodas apontadas para a frente."

Mas, o que é que ele vai fazer? Perguntei-me, enquanto me fui sentar atrás do volante. As minhas palmas estavam suadas, o meu coração estava a bater depressa, e eu tinha os olhos firmes no ribeiro furioso. A minha família empoleirou-se nas duas máquinas, bem acima do ribeiro furioso, à espera de ver o drama desenrolar-se.

O capataz deu sinal e as máquinas deram sinal de vida, avançando lentamente para a água mais profunda. Eu fiquei aterrorizado quando a corda se esticou, e me puxou para dentro do ribeiro.

A máquina com o tanque enorme foi logo ao lado da carrinha, a mais ou menos 4.5 metros rio acima da nossa posição. Quanto mais avançámos, a carrinha começou a balançar de um lado para o outro.

Agarrei o volante com mais força ainda.

À minha esquerda, o selvagem Maranhão estava a menos de 50 metros de distância. *E se a corda se romper? Vamos rio abaixo!*

À minha direita estava a desenrolar-se um drama incrível. A máquina com o tanque, lado a lado com a nossa carrinha, estava a dividir a corrente. Paredes de água, de 1,8 m de altura, corriam dramaticamente, atrás e à frente do monstro. A nossa carrinha estava protegida, e eu senti-me como Moisés a atravessar o Mar Vermelho.

A máquina à frente puxou-nos do ribeiro para chão seco, mais alto e em segurança. A máquina com o tanque seguiu-nos para a margem e foi-se embora.

O chão da carrinha nem sequer estava molhado.

O capataz desatou a corda, e disse-me para abrir o capô. Removeu o plástico à volta do distribuidor, e disse, "liga o motor."

Virei a chave na ignição, e o pequeno motor deu sinal de vida.

Agradecemos ao capataz, e aos pilotos das máquinas, e jubilosos seguimos para nossa casa, nas profundezas da selva tropical.

25
O Banho da Tarântula

A Addie estava a lavar os pratos do pequeno-almoço quando reparou movimento na parede da cozinha à frente dela.

"Tarântula!" gritou, e recuou do lava-loiças.

A enorme, preta e cabeluda aranha rastejou vagarosamente pela parede, na direcção do balcão da cozinha.

Temos muitas aranhas na selva, mas tarântulas são as mais assustadoras. Há-as enormes, cabeludas, e pretas ou castanhas com um corpo cor de laranja e as castanhas com riscas amarelas nas pernas.

Eu estava a limpar o chão de terra da nossa garagem, a apanhar folhas secas e bocadinhos de lixo ao canto, quando senti uma dor lacerante na minha mão. Imediatamente, uma aranha castanha, grande, com pernas às riscas amarelas, fugiu da cena do crime, com um amigo meu a persegui-la. O meu amigo conseguiu assustar a aranha do seu esconderijo, e rapidamente acabou com a sua existência nesta terra.

A dor na minha mão, que estava a inchar rapidamente, parecia que alguém estava a enfiar um prego na minha carne. Corri para dentro de casa, agarrei gelo do congelador, e enfiei a mão em água gelada. Alguns minutos depois a minha mão estava do dobro do tamanho habitual. A dor era impiedosa.

Amigos de uma Equipa de Trabalho e Testemunho estavam a visitar-nos e imediatamente oraram por mim e pela minha dor impiedosa. Os alunos do Instituto Bíblico souberam da minha situação e correram para nossa casa, para oferecer-nos o seu apoio. Quando descrevi a aranha, disseram-me que eu não morreria da mordida - mas ia desejar que pudesse morrer.

Fizeram uma cataplasma de plantas da selva, mas isso não ajudou. Tomei comprimidos bastante fortes para a dor - sem alívio. Andei de um lado para o outro com a mão elevada. Andei fora de casa, com lágrimas a correr pela cara abaixo. Tenho uma tolerância elevada de dor, mas este martelar na minha mão era excruciante.

Finalmente, depois de cinco horas de dor exaustiva e uma forte injecção, o alívio veio aos poucos.

Enquanto a tarântula negra se aproximou do balcão da cozinha, a Addie correu para encontrar alguém que pudesse matar a cabeluda criatura. Geralmente, havia pessoas a olhar pelas telas das janelas da nossa casa, simplesmente porque gostavam de ver como é que os estrangeiros faziam as coisas, até mesmo as tarefas mais triviais. Ela sabia que iria haver alguém perto da casa que poderia matar este fenómeno da natureza. A Addie não se importava quem encontrasse - até mesmo uma criança poderia fazer isso.

Acreditam se eu disser que não estava ninguém perto da nossa casa nesse dia? Eu estava na colina mais alta, por trás da estação da missão, a ensinar no Instituto Bíblico, e a Addie estava sozinha.

Larry nos 325 degraus

Quando subimos os 325 degraus que levavam ao Instituto Bíblico, fomos recompensados com uma vista aérea do deslumbrante vale abaixo de nós.

O Instituto Bíblico era constituído por cinco pequenos edifícios. A biblioteca/sala de aulas era o único com um chão de cimento. A igreja, refeitório, dormitório dos homens, e sala de aulas mais pequena, tinham todos chão de terra batida.

Algumas das aulas de Addie eram na sala mais pequena, que tinha paredes de mais ou menos um metro de altura. Não havia tecto, portanto tudo estava aberto e exposto.

Uma manhã, a Addie estava a ensinar quando uma substância poeirenta, muito fina, como serradura, caiu perto dela. Olhou para cima e viu uma tarântula negra quase a um metro acima da cabeça dela. Quando ela viu uma segunda tarântula, ela gritou e saiu a correr da sala de aulas.

Eu estava a ensinar na biblioteca quando ouvi os gritos da Addie. Corri para a rua e vi-a a tremer, quase em lágrimas. Ela anunciou que não iria voltar à sala de aulas enquanto as tarântulas não estivessem mortas. Os alunos cortaram algumas canas de bambu, e trataram das duas tarântulas aterrorizadas, que sem dúvida tinham os tímpanos danificados.

No dia seguinte a Addie estava na mesma sala de aulas e reparou nos alunos a olharem atentamente para cima da cabeça dela.

"Estão a olhar para onde?" perguntou.

"Há uma tarântula mesmo acima da sua cabeça," responderam em uníssono.

"Não acredito," afirmou ela.

"Há uma mesmo onde está," insistiram eles. A Addie olhou para cima, gritou e saiu a correr da sala de aulas.

"Porque é que não a mataram antes de eu vir para a aula hoje?" perguntou a Addie, da segurança da rua.

"Gostamos de a ouvir gritar e vê-la a correr," admitiram eles, entre sorrisos.

Cuidadosamente, a Addie entrou em casa para confrontar o monstro que parecia estar a crescer. Nervosamente, com a vassoura em riste, ela aproximou-se da parede que a tarântula ainda estava a descer. Com o coração a bater rápido, as palmas das mãos a suar, e todos os músculos do corpo tensos, ela formulou um plano. Levantou a vassoura, pronta para bater com ela na parede, quando se lembrou que as paredes da nossa casa eram feitas de um material que se quebraria caso alguma coisa lhe batesse com força.

Não posso bater na parede, ou o Larry vai ter que a reparar, e isso é uma tarefa e tanto.

Virou a vassoura, e decidiu esmagar a tarântula com a ponta do cabo. Mas as mãos dela estavam a tremer tanto que ela sabia que não a ia atingir, e depois ela iria saltar para cima dela.

"Não, não consigo. E agora? O que é que vou fazer?" murmurou. A tarântula estava a avançar da parede para a janela, a aproximar-se do balcão a olhos vistos.

Ok, dou-lhe uma vassourada quando estiver na tela da janela, e assim não danifico a parede.

Estava pronta para dar o golpe de misericórdia, quando se apercebeu que isso ia rebentar a tela da janela, o que exigiria ainda mais trabalho para reparar. Uma vez que a tarântula chegou ao balcão, ela sabia que esta ia desaparecer por trás do armário.

E agora? O que é que vou fazer? Não quero esta aranha a esconder-se na minha cozinha!

Nesse momento ela reparou na chaleira de água a ferver no fogão. Com vapor a subir pelo bico da chaleira, parecia estar a chamar o nome dela. Despejou a água a ferver num tacho, e atirou-a na tarântula confiante.

A água atingiu a criatura, e ela enrolou-se como um acordeão. Nem soube o que lhe aconteceu. A água passou pela tela, e não causou qualquer dano à casa. Foi então que a Addie agarrou a vassoura e despedaçou a aranha cosida.

À noite, nesse dia, ela teve contacto por rádio amador, com o nosso filho Rusty, em Quito, no Equador, onde ele estava num colégio interno. A Addie contou-lhe das aventuras heróicas dela dessa manhã, e disse-lhe que tinha morto uma tarântula enorme.

Rusty sabia que a mãe dele tinha um medo mortal de aranhas e felicitou-a pelo acto corajoso - até ouvir como ela tinha morto este lendário inimigo.

"Mãe, isso não foi muito heróico," disse ele.

"Não me importo! Matei aquela criatura louca, antes que me atacasse a mim!"

26
A Mala de Viagem

"Doutor! Socorro!"

Saí pela porta de rede, e olhei para a noite escura. Uma figura sombria apareceu, e reconheci-o de San Mateo, uma aldeia rio acima da nossa casa. Ele tinha viajado por canoa num rio traiçoeiro nesta noite escura para me dizer que a esposa estava a morrer.

"Porque é que acha que ela está a morrer?" perguntei, porque conhecia os processos da mente pessimistas no nosso povo.

A morte é tão proeminente em culturas como esta, que há uma morbidez atribuída a todas as grandes doenças. Muitas vezes na clínica, familiares choravam e entoavam o cântico de morte, informando-me que o paciente estava às portas da morte. Eu tinha sido chamado para viajar grandes distâncias em circunstâncias bastante difíceis para tratar um membro de família que estava, supostamente, a morrer - para chegar lá e a pessoa estar a ficar melhor.

O meu amigo de San Mateo disse-me que a esposa estava bastante pálida, a respirar muito rapidamente e ofegante, e que tinha quase desmaiado.

Convencido que talvez desta vez valia a pena arriscar a minha vida numa porção perigosa do rio para ajudar, despedi-me da minha esposa, com um "Tem cuidado, por favor!" a soar nos meus ouvidos.

Lanterna na mão, corri para a clínica para preparar a minha mala médica. Enchemos um tanque de gasolina da nossa casa de combustível, e chegámos ao barco, que flutuava gentilmente nas águas calmas do nosso porto.

Chamei o nosso motorista, Moisés, que se juntou a nós no rio. Ele ligou o motor para se certificar que estava a funcionar bem antes de sairmos para mais uma aventura. Sentei-me na frente do barco, a iluminar as margens do rio com a minha lanterna. A Addie estava na nossa entrada, nas sombras, com preocupação escrita na face.

As amarras foram soltas, e atiradas para dentro do barco, e Moisés afastou-se da margem, para virar o barco em direcção à escuridão da noite.

Orei silenciosamente quando o nosso barco saiu das águas calmas do Kusu, e imediatamente senti o choque das correntes poderosas quando entrámos no poderoso Maranhão. A proa do barco foi empurrada rio abaixo por um momento, até o Moisés ter acelerado o motor, endireitando o barco e apontando-o rio acima.

O vento mordeu as nossas faces. Os meus olhos mal conseguiam ver a linha das árvores na margem mais distante. Havia água a bater nos lados do barco, o que me arrefeceu até aos ossos.

O Moisés concentrou-se na curva enorme que se aproximava, a mais ou menos 80 metros rio acima. Ele conhecia os enormes rochedos que surgiam no rio e que tinham de ser contornados, apesar da corrente principal nos querer atirar para cima deles. O rugido ensurdecedor da água a bater nos rochedos estava a rodear-nos por todos os lados.

A luz da minha lanterna estava a ser engolida pela escuridão intensa da noite. Confiei no Moisés porque ele conhecia esta parte do rio como a palma da sua mão. Durante o dia, esta curva cheia de rochedos era causa para bastante cuidado, mas à noite era assustadora.

Ele tomou um rumo firme e gradualmente virou o barco para a direita, com cuidado para não bater no banco de areia que se estendia no rio. Enterrarmo-nos no banco de areia, e partir uma cavilha iria tornar a hélice inútil, e deixar-nos à mercê de um rio implacável. Tivemos que passar entre rochedos do lado esquerdo do rio e bancos de areia do lado direito.

Automaticamente agarrei o lado do barco. Com grande perícia, Moisés navegou o trecho traiçoeiro do rio, e passámos incólumes pelos rochedos e bancos de areia, passando a curva para entrarmos em água mais segura. Respirámos com alívio, e murmurámos, gratos, "Obrigado, Senhor."

Um pouco à frente estava o pequeno porto lamacento de San Mateo, e Moisés levou o barco suavemente à margem. Desembarcámos, gratos por pôr os pés em terra firme. Rafael levou-nos por uma trilha escura para casa. Depois de remover os postes que formavam a ombreira da porta ele convidou-nos para entrar na cabana típica de um quarto, com telhado de palha.

Estavam presentes várias pessoas, com preocupação marcada nas faces de todos. Os meus olhos ajustaram-se à luz fraca produzida por um pequeno fogo de três troncos no meio da cabana. Uma pequena lanterna de pavio também produzia uma luz amarelada e fumarenta.

A esposa de Rafael estava fraca, pálida, e respirava com dificuldade. Ela tinha estado na nossa clínica duas semanas atrás. Ela tinha dado à luz e estava extremamente anémica, e eu tinha-lhe dado medicamentos para a anemia.

Depois de a examinar perguntei, "tomaste os medicamentos que te receitei?"

Ela olhou para o outro lado, um pouco envergonhada pela pergunta. Finalmente, ela disse: "Não. Eu tive medo de misturar os diferentes tipos de comprimidos."

Apontou para uma mala de viagem velha, de madeira, e disse: "estão ali."

Rafael abriu a mala, e ali estavam todos os medicamentos, a são e salvo. Isto era habitual. O povo tinha terror de misturar medicamentos, porque pensavam que isso lhes faria mal.

A estação antiga de Kusu - fila de espera na Clínica

Insisti que ela tomasse os medicamentos. O marido dela estava enojado, porque tinha arriscado a vida numa pequena canoa, à noite num rio perigoso. Eu sabia que ao menos agora ela iria seguir as minhas recomendações.

Moisés e eu voltámos para o barco, e fizemos a viagem de volta, pelo mesmo caminho que nos tinha levado lá. Uma vez passada a curva, com os rochedos e bancos de areia, pudemos ver a luz distante de casa.

O nosso barco saiu do Maranhão, e entrou no Kusu, e flutuámos para o nosso pequeno e calmo porto. Olhei para a colina, e lá vi a Addie, à porta, no alpendre daquele farol no meio da selva.

Murmurámos uma oração de acção de graças pelo nosso regresso sãos e salvos, e pelo privilégio de servir a Deus nesta parte muito necessitada da Amazónia.

As lutas com bruxaria, superstições, e o medo do mundo espiritual desafiaram-nos desde o início do nosso ministério na floresta tropical.

Os costumes eram instilados nas crianças desde cedo, causando grande conflito com ideias novas vindas do mundo exterior. Bactérias e micróbios eram conceitos misteriosos de entender. Não podiam ser vistos a olho nu, e por isso, para os aldeões, eram além do reino do credível.

Muitas vezes um paciente vinha à clínica, recebia medicamentos e depois ia ao bruxo da aldeia. Ou os pacientes iam ao bruxo primeiro, e depois vinham à clínica, cobrindo todas as bases.

Muito tempo passou antes que tivessem confiança em nós. Deus ajudou-nos a curar muitos pacientes que o bruxo não tinha conseguido curar. Felizmente a clínica abriu muitas portas para alcançar os corações das pessoas com o Evangelho. Um ministério de compaixão que toca a pessoa inteira vai muito além das diferenças culturais.

Clínicas itinerantes no rio abrem a porta para evangelizar muitas aldeias. Com o passar dos anos, começámos a preparar alunos do Instituto Bíblico para servir não somente como ministros, mas também como enfermeiros nas aldeias. Isso deu à igreja um lugar de proeminência e prestígio na aldeia local.

27
É Por Isso

As portas abriram-se e terroristas mascarados marcharam igreja adentro naquela noite de domingo. Medo penetrou no meu coração quando eles rodearam a congregação, e apontaram as suas armas automáticas na nossa direcção.

A Addie e eu estávamos em Iquitos, que é talvez a maior cidade do mundo que não tem uma estrada a entrar ou sair da cidade que cubra mais de 95 Km, uma cidade no coração da selva peruana, com uma população de quase meio milhão de pessoas. Estávamos a receber Equipas de Trabalho e Testemunho que tinham construído igrejas em, ou perto de, Iquitos.

Depois da última Equipa ter saído, ouvimos que a nossa nora tinha dado à luz o nosso oitavo neto, e queríamos que a Addie fosse à Califórnia para ajudá-la durante mais ou menos uma semana.

A Addie estava entusiasmada por ver esta nova menina, e por passar algum tempo com o nosso filho Tim, e a esposa Kelly. Eu fiquei em Iquitos, para preparar uma viagem de cinco dias a Pucallpa, no rio Ucayali, numa barcaça de fundo chato, com dois compartimentos para passageiros. Eu tinha ouvido falar de duas pequenas congregações da nossa igreja em Pucallpa, e queria conhecer esse povo e ver como o trabalho estava a avançar.

Também queria uma desculpa para ir a Pucallpa porque em 1967 eu tinha levado os meus dois filhos mais velhos, na altura o Rusty tinha nove anos de idade, e o Greg tinha sete, para o colégio interno para filhos de missionários de várias denominações. Nessa altura, era uma viagem de quatro dias de onde nós vivíamos entre o Kusu e o Maranhão na selva nordeste do Peru.

Pucallpa em 1967 era uma vila isolada no rio Ucayali. As ruas eram de terra batida, e parecia uma cidade do oeste pioneiro nos EUA. A parte final da nossa viagem de quatro dias tinha sido de Lima para Pucallpa num velho avião da Segunda Guerra Mundial, um DC3. Quando passámos acima dos Andes tivemos que respirar oxigénio por tubos, porque a cabine não era pressurizada.

E que viagem foi essa - uma que iria ficar nas nossas memórias! Com o passar dos anos, Pucallpa tornou-se uma cidade grande, activa, importante. Uma nova estrada foi construída desde a capital, Lima, o que a tornou um porto principal no rio Ucayali.

Comprei uma rede, paguei pela minha passagem, e junto com o pastor Rogélio, embarquei na barcaça.

O compartimento estava cheio de redes de todas os tamanhos, cores e feitios. O barco estava a abarrotar com 200 pessoas, e procurámos um espaço entre o mar de redes, para pendurarmos as nossas. Mergulhámos debaixo das cordas que atavam outras redes a barras de ferro compridas, ao longo de todo o comprimento do compartimento. Estavam penduradas em todas as direcções imagináveis com uma parecença de ordem. Desviar redes, especialmente quando estas estavam ocupadas, era um enorme desafio.

Finalmente, encontrámos um pequeno espaço para atarmos as nossas redes nas longas barras. Com as redes no lugar, colocámos os nossos pertences no chão debaixo das redes. Agora era altura de verificar o navio. O Rogelio vigiou as nossas coisas enquanto eu explorava.

Claro que o lugar mais importante a procurar era a casa-de-banho. As casas de banho comuns a todos os 200 ocupantes estavam na parte de trás do barco.

"Com licença, com licença," repeti, ao desviar gentilmente redes para passar pelo labirinto. Triunfantemente, consegui chegar à parte de trás sem pisar em ninguém.

Cada uma das seis casas de banho consistia de uma porta de aço que levava a um pequeno quarto, com cerca de um metro e vinte quadrados. Olhei para a sanita, sem tampo, desconfiado. Examinei o espaço para ver se encontrava como puxar o auto-clismo, e encontrei dois cabos - um para a sanita, e um para o chuveiro. O chuveiro estava descentrado da sanita.

Mais tarde descobri que a água era bombeada do rio para dentro de tanques enormes no compartimento superior, e que depois entrava nas casas de banho pela força da gravidade. Quando o rio está lamacento, adivinhem o que acontece? Tomar um banho de chuveiro é interessante. É necessário um enorme equilíbrio para se despir e voltar a vestir sem deixar cair nada no chão ou na sanita.

Do lado de fora da casa de banho, seis lavatórios estavam alinhados pela parede.

Eram usados para tudo, desde lavar loiça a lavar os dentes, e quem sabe o que mais.

Coletes salva-vidas estavam empilhados num espaço com uma enorme janela de vidro em frente do compartimento. Provavelmente, havia mais perigo de alguém se enforcar numa das cordas das redes do que se afogar.

A escuridão chegou, e com ela o ar fresco da noite tropical encheu o ar de humidade. Eu não tinha cobertor, por isso o ar frio entrou pela minha rede adentro.

Oh, não, tenho de ir à casa de banho!

Quase caí da rede, escapei-me de um cotovelo aqui, um pé ali, e comecei a viagem pelo labirinto de redes às escuras, na direcção do pequeno espaço. Algum tempo mais tarde, depois de evitar cordas e passar por cima de corpos espalhados pelo chão, finalmente cheguei ao meu destino. O cheiro levou-me lá sem erro.

Mas a minha mente estava cheia de sono.

Que cabo é que tenho de puxar? Pensei, sem querer tomar uma chuvarada todo vestido. Felizmente, puxei o cabo correcto, e em breve, estava a contender com o caminho de volta à minha rede.

Finalmente, cheguei, apenas para ver a minha rede esmagada por corpos de um lado e outro. Avancei cuidadosamente, e desviei ambas as redes da minha, tentando enfiar-me na minha rede antes que as outras duas voltassem a esmagar-me e fechassem o espaço.

Infelizmente, a minha rede não era muito comprida, e tinha sido obviamente feita para crianças. Dobrei-me ao meio, e o ar frio invadiu-me.

Durante a noite o barco parou para apanhar mais passageiros e carga, o que deu aos mosquitos a oportunidade de uma refeição grátis. Os corpos enrolados em cobertores não eram alvo, e assim o enxame faminto banqueteou-se naqueles que estavam a descoberto. Quando o barco se afastou da margem e das aldeias, os mosquitos davam lugar ao ar frio que corria pelo compartimento.

Que alegria ver os primeiros raios da luz do sol. O compartimento tornou-se bastante movimentado, com 200 pessoas a quererem usar as seis casas de banho. As minhas pálpebras estavam encrustadas, e não as conseguia abrir completamente. A minha roupa parecia que eu tinha dormido nelas (mmmh, pensando nisso, tinha mesmo!), e o meu corpo estava a tentar sair da posição dobrada para uma posição erecta.

Rogélio, o meu companheiro de viagem, tinha dormido que nem um bebé toda a noite, sem precisar de ir usar a casa de banho.

"Buenos dias, doutor," disse-me, e foi para lá.

Eu fui, grogue, na direcção de um lavatório, para lavar a cola que me estava a fechar os olhos.

Por volta das 7 da manhã, tocou um sino, a anunciar que o pequeno almoço estava pronto.

Parecia uma fila num rancho em direcção à cozinha. Uma longa fila formou-se com cada pessoa a segurar uma tigela e uma colher.

Quando consegui encontrar a colher e tigela que tinha comprado antes de embarcar, no meio das minhas coisas, a fila já era supercomprida. Rogélio e eu juntámo-nos à multidão. Pouco a pouco fomos avançando até estarmos em frente aos cozinheiros.

A minha tigela foi cheia com uma papa morna, feita de chocolate, misturado com leite e açúcar. Um outro cozinheiro deu-me três círculos de pão, e um ovo cozido. O pão tinha sido feito provavelmente na semana anterior e para o consumir, tinha que o molhar no chocolate morno.

Eu não me dou bem com ovos cozidos que cheiram como um poço de enxofre e não têm sal para lhes dar um bocadinho de sabor. Mas, ao pensar nisso, a comida tinha sido muito boa naquela manhã há tanto tempo. O almoço foi um pedaço de frango, massas, arroz e meia banana cozida. O jantar foi uma sopa feita dos restos do almoço.

Quando o barco parava em aldeias para carregar ou descarregar passageiros ou carga, mulheres e crianças vinham a bordo para vender larvas torradas, peixe assado, bananas, mandioca cozida, gelatina, frutas tropicais e outras comidas locais.

Para me entreter, fiquei a ver a equipa carregar madeira, bananas, peixe salgado, papaia, e porcos, agarrados pelas orelhas e cauda, e atirados a bordo. Os pôr-do-sol eram lindos e o rio ficava com uma serenidade que só pode ser vivida.

A vida no barco é cheia de coisas para ver, e ouvir, algumas agradáveis, e algumas que demonstram a carnalidade da humanidade. Música, vozes altas, egoísmo, orgulho e importância andam de um lado para o outro como um pavão em todo o seu esplendor.

É triste pensar em tudo o que se passa dentro das paredes do barco. Eu vi uma jovem mãe com uma criança pequena - a mãe não muito mais velha que uma criança. Muitas caras tristes eram prova de uma vida dura. Havia os pobres e os não tão pobres, velhos e jovens, e tudo entre esses. Alguns estavam a flutuar com a corrente como os troncos e os detritos no rio.

Havia crianças a correr de um lado para o outro como se não houvesse nada de mal no mundo. Elas deleitavam-se em explorar os cantos e esconderijos no navio.

Por outro lado, muita gente era extremamente humilde e amigável. Eram pacientes, prestativas, honestas, e era fácil falar com elas.

Viajar no rio é o equivalente a um curso intensivo em estudos transculturais. Este era o meu povo, e eu sentia-me confortável com eles. Eles eram a razão porque estávamos na Amazónia - para lhes trazer o amor de Jesus.

Rogélio e eu tínhamo-nos preparado para sair a meio caminho entre Iquitos e Pucallpa para visitar algumas das igrejas na vila de Pedrera e Huayana, no meio de lado nenhum. Eu queria ver o nosso trabalho nesta parte do rio, e observar o que Deus estava a fazer nesta parte remota.

O plano era visitá-los alguns dias, e depois eu apanharia outro barco para continuar a viagem para Pucallpa. Rogélio continuaria para Contamana, para ver as possibilidades de começar trabalho nesta mui importante cidade portuária do rio Ucayali, e depois voltaria para Iquitos.

O Ucayali é o maior e mais longo rio no Peru. Começa nas alturas dos Andes, como um riacho resultante do degelo da neve. Absorve o Urubamba, que passa pela base das famosas ruínas de Machu Pichu, e passa por Pucallpa. A cerca de 95 Km rio acima de Iquitos, junta-se ao poderoso Maranhão, e juntos formam o início do maior rio do mundo, o Amazonas.

O céu apresentava um azul maravilhoso, o sol estava quente, e a floresta tropical estava uma miscelânea de verdes quando o nosso barco entrou no banco de lama onde as canoas e barcos mais pequenos lançavam amarras. Uma multidão de gente tinha-se reunido para vender as suas mercadorias, ou para embarcarem e atarem as suas redes para a viagem até Pucallpa.

Rogélio e eu desembarcámos e fizemos o nosso caminho por entre aquele mar de gente. Dali fomos numa trilha de terra que nos levava à Igreja do Nazareno.

O meu coração regozijou-se quando vi a pequena igreja nesta parte esquecida da vinha. Aproximámo-nos da casa do pastor, construída em estacas a mais ou menos metro e meio do chão. O pastor Alder cumprimentou-nos como se fôssemos família que há muito tempo não via, e indicou-nos o tronco encostado à casa, com entalhes ao longo do comprimento, que era usado como escada para alcançar o chão de madeira de palma onde eles moravam. O telhado era feito de folhas de colmo, e as paredes eram feitas de madeira de palma pregada aos postes redondos que suportavam a estrutura. Fomos convidados para nos sentarmos em cadeiras de madeira, com as costas direitas, e beber uma bebida tropical preparada pela esposa de Alder.

Depois de atarmos as nossas redes de mosquitos, e de esticarmos os nossos sacos de dormir na igreja, onde iríamos dormir, Alder levou-nos a dar uma volta pela vila, e mostrou-nos a propriedade onde a nova igreja seria construída. Mais tarde vim a saber que o Alder e a sua família tinham vivido no edifício que era agora a igreja. Contudo, com o crescimento do trabalho, eles tinham deixado a casa e tinham-se mudado para a pequena casa em estacas.

Deitado no meu saco de dormir a ouvir as rãs a coaxar na rua, perguntei-me, *será que eu estaria disposto a deixar a minha casa, e torná-la uma igreja - e mudar-me para uma casa menos favorável?*

Na manhã seguinte fomos convidados para um delicioso pequeno-almoço de peixe, mandioca, e outras comidas tropicais. Quando me sentei no banco duro e olhei para a escassa mobília à minha volta neste humilde ambiente, uma pergunta na minha mente tinha de ser feita ao pastor Alder.

"Irmão Alder, o que é que o trouxe para esta parte isolada, quase esquecida da selva?"

Ele hesitou e depois explicou a sua paixão e convicção arrebatadoras.

"Missionário, quando eu tinha dezasseis anos, e acabado de ser salvo, eu fui para o liceu em Pucallpa. Frequentei uma pequena igreja evangélica que me nutriu e me acolheu na sua comunhão. Durante esse tempo os Sendero Luminoso, um grupo terrorista revolucionário, andava a intimidar congregações, e a matar pessoas indiscriminadamente.

As portas abriram-se e terroristas mascarados marcharam igreja adentro, naquela noite de domingo durante o culto. O medo penetrou no meu coração quando eles rodearam a congregação, e apontaram as suas armas automáticas na nossa direcção.

Essa noite de há tanto tempo ainda está viva na minha mente, quando aqueles terroristas apontaram armas automáticas à congregação. Estávamos aterrorizados, porque sabíamos do que eles eram capazes se resistíssemos. O terrorista líder disse, "todos os que são cristãos, levantem a mão."

Quase todas as mãos se levantaram rapidamente. Ele então gritou uma ordem para atirarmos as nossas Bíblias no chão. Bíblias caíram no chão. "Cuspam nessas Bíblias, e saltem nelas, como as rãs que são."

Eu agarrei-me ao banco à minha frente, para não desmaiar. Eu tinha suor a correr-me pelo corpo, o coração a bater descontroladamente, e queria escapar, mas sabia que isso era impossível. Tinha lágrimas a correr-me pela face, e estava a agarrar aquele banco como se a minha vida dependesse disso.

O líder perguntou, "quem é o pastor desta igreja?" Todos os olhos se fixaram no pastor e na esposa, lado a lado num lado da plataforma, a segurarem as suas Bíblias sobre os seus corações. O pastor falou, com a Bíblia na mão, "Eu sou o pastor."

O terrorista foi na direcção deles, e enfiou o cano da arma no peito do pastor, e ordenou-lhe que atirasse a sua Bíblia para o chão.

Eu estava como que paralisado no tempo, à espera do pastor atirar a sua Bíblia. Em vez disso, o pastor olhou aquele homem nos olhos e disse, "eu nunca profanarei a Palavra de Deus."

Todos segurámos a respiração, e sabíamos que a vida deles estava acabada. O homem gritou, "Vou dar-vos uma última oportunidade para obedecer à minha ordem, ou as vossas vidas serão tomadas hoje à noite."

Silêncio encheu o ar, e eu sabia que aquele terrorista estava a falar a sério. Esperámos suspendendo a respiração. Finalmente, o pastor olhou o homem nos olhos, e afirmou, "Podes tirar-me a vida, mas a minha alma está com Jesus. Tens de saber isto - Deus vai julgar-me, e certamente vai julgar a ti também."

O terrorista hesitou um longo momento. Abaixou a sua arma, e falou à congregação, "Eu era cristão, e lia a Bíblia, mas deixei tudo isso, e agora sou membro dos Sendero Luminoso."

Apontou para o pastor e a esposa e disse, "Estes dois são crentes verdadeiros. Eles estão dispostos a morrer por aquilo em que acreditam, mas o resto de vocês são hipócritas. Vamos estar de olho no restante de vocês, e se não se portarem como eles, vamos voltar para acabar o que começámos."

Virou-se, e levou o grupo dele para o escuro da noite.

O pastor Alder explicou que naquele domingo o pastor e a esposa se tinham tornado os seus heróis. Eles estavam dispostos a morrer por aquilo que acreditavam. Olhou para mim e disse, "Missionário, essa é a razão porque estamos aqui em Pedrera. É por isso."

Rogélio e eu continuámos a nossa viagem, mas as palavras ficaram comigo, "É por isso."

28
Pedras Rolantes

Numa noite bastante escura, eu estava a voltar a casa depois de desligar o gerador a diesel que dava luz à estação da missão. O som do cascalho esmagado debaixo dos meus pés quebrou o silêncio de uma noite tropical.

Quando entrei na nossa casa formulei rapidamente um plano na minha mente, que iria viver para sempre. Talvez eu devesse admitir que aquele tinha sido um dia bastante dramático, traumático e longo no nosso paraíso.

Uma Equipa de Trabalho e Testemunho estava a ajudar com projectos de construção na estação da missão. O pastor e as mulheres da Equipa dormiam na nossa casa. O restante dos homens estava a dormir no dormitório inacabado. Este dormitório tinha paredes com um metro e meio de altura, com telas de rede acima destas, numa ponta do edifício, e nos dois lados compridos. O telhado era feito de aço ondulado, e as camas de bambu. O chão estava coberto de uma poeira fina, o que tornava o dormitório bastante rude, para dizer o menos.

Ao chegar a casa naquela noite, perguntei ao pastor se ele queria divertir-se um pouco. Uma vez que ele era bastante brincalhão, disse que sim ao meu plano bem formulado de assustar os homens no dormitório.

Enchemos vários copos de esferovite com pedras do tamanho de ervilhas. Com lanternas em mão, esgueirámo-nos para o dormitório, a cerca de 200 metros da casa. Silenciosamente, aproximámo-nos do dormitório usando uma pequena colina com vistas para lá. Desligámos as lanternas e rastejámos até dez metros do lado comprido onde as camas estavam.

Os homens estavam a entalar as redes de mosquitos nos cantos dos colchões de esponja. Esperámos pacientemente até que um a um eles desligaram as suas lanternas, disseram boa noite, e estavam prontos para dormir.

143

Nesse momento de silêncio, murmurei, "Agora!"

Atirámos os copos cheios de pedras para o telhado de aço ondulado.

Tinha sido um dia agitado na estação, a começar com uma chamada de emergência de madrugada para eu ir ver uma senhora que tinha sido mordida por uma cobra surucucu enorme.

A surucucu é a maior cobra venenosa da Amazónia. Quando adulta, pode crescer até aos 3.6 metros. É uma jararaca, e o veneno dela produz uma neurotoxina que causa necrose, ou a morte de tecidos. Felizmente, é uma cobra nocturna e não há registo de muitas mordidas.

A condição da mulher era grave, e os sinais vitais dela estavam a enfraquecer rapidamente desde as mais ou menos 12 horas desde a mordedura, e o veneno estava na circulação sanguínea dela. Administrámos o antiveneno, mas ela já estava a entrar em coma.

Mais tarde nessa manhã ela faleceu, apesar de termos feito tudo o que podíamos para a salvar. As mulheres começaram a chorar, entoando o cântico da morte repetidamente. Bateram nos seus peitos e puxaram o cabelo.

Os membros da Equipa de Trabalho e Testemunho estavam a trabalhar a 40 metros de distância da clínica onde isto se passou. Viram os familiares da senhora a levá-la numa maca de bambu para o rio, onde a canoa à espera os transportaria de volta para a sua aldeia. O pranto era desolador, e sentiram-se impotentes ao ver os peruanos a desaparecer rio acima.

Nessa tarde, dois homens vieram à nossa casa perguntando pelo doutor. O rosto do homem mais velho estava quase completamente coberto por um enorme pano branco. Só um olho estava à vista, e ele falou-me em tons abafados pelo pano. Não pude entender o que ele estava a dizer, e o seu filho traduziu: "O meu pai tem leischmaniasis e quer ver o dr. Garman."

Os membros da Equipa estavam à volta, a perguntarem-se o que estaria por trás do pano branco. Pedi ao pai para tirar o pano a fim de ver os tecidos faciais danificados. Eu já tinha tratado bastantes pacientes com esta devastadora doença tropical.

Os membros da equipa mal-esconderam o susto. O rosto do homem estava incrivelmente desfigurado. Já não tinha nariz, o que nos permitia olhar directamente para a garganta dele. O lábio superior, bochecha e a cavidade ocular do lado esquerdo da sua cara estavam completamente destruídos. Imediatamente, pedi-lhe para colocar o pano de volta, para não o envergonhar. Tive então de lhes dizer que não havia tratamento para ele, porque a condição estava demasiado avançada. Penso que eles sabiam a resposta antes de eu ter examinado o pai.

Depois das despedidas, observei-os a desaparecer numa curva da estrada, deixando-me e aos membros das Equipa em pensamento profundo.

Naquela noite depois do jantar, a Equipa estava triste e pensativa. Pediram-me para lhes contar algumas das histórias do nosso ministério na selva. Tentei partilhar histórias que os distraíssem das cenas trágicas que tinham acabado de testemunhar.

As questões finalmente migraram para os eventos dessa manhã. O que é que era o pranto, e o que é que significava, perguntaram.

Expliquei-lhes que este povo acreditava que a morte não tem causas naturais, mas vem por bruxaria, o que quer dizer que alguém tem de pagar com morte por vingança. Partilhei que quando um bruxo perde um paciente, acusam-no de má bruxaria, e a sua vida está em perigo.

"O que é que fazem a um bruxo cujo paciente morre?" perguntaram.

"Muitos bruxos têm pago com a vida," afirmei, e expliquei-lhes acerca dos costumes tribais. À noite, quando o bruxo menos espera um ataque, a família afligida vai à sua cabana e mata-o com uma espingarda enquanto ele dorme na sua cama de bambu.

"Fariam eles alguma coisa contra si pelo facto de a ter tratado a mulher e ela ter morrido?" perguntaram-me.

Podia ver a preocupação deles. Expliquei que não me consideravam responsável, visto a morte ter sido causada por uma cobra venenosa.

Os homens foram dormir naquela noite inesquecível com pensamentos de vingança nas mentes deles.

Bang!

As pedras bateram no telhado e correram pelo aço ondulado. A cacofonia ecoou pela selva. Vozes alteradas quebraram o silêncio tenebroso dentro do dormitório. Lanternas começaram a brilhar em todas as direcções, com homens a cair para o chão de cócoras, a ver se ouviam a próxima salva de tiros.

A noite ficou silenciosa mais uma vez, e podíamos ouvir a respiração ofegante dos homens enquanto eles esperavam aterrorizados. O pastor e eu tentámos desesperadamente não rir alto, e desmascararmo-nos.

O silêncio que se seguiu foi quebrado for uma só voz de dentro do dormitório. Eles sabiam que tinham sido enganados. "Doutor, diga à sua esposa que temos um monte de lençóis para lavar."

A Chamada Amazónica

Testemunho de Addie Garman

Eu estava no sexto ano quando Deus me chamou para o serviço missionário. Foi fácil dizer 'sim' naquela altura, mas mais tarde, na minha adolescência, comecei a argumentar com Deus.

Eu achava que tinha demasiados temores para ser missionária. Tinha medo de cobras, aranhas, mosquitos e o quer que fosse que picasse, voasse, mordesse ou rastejasse. A minha família tinha gozado comido frequentemente acerca do meu medo da água com mais de 90 centímetros de profundidade – mesmo num parque de diversões.

Eu também sabia se Deus me tinha chamado para ser missionária, eu seria uma solteirona idosa vivendo sozinha numa cabana algures com todos esses medos.

Finalmente, um dia quando estava na universidade, ajoelhei-me ao pé da cama e orei, "Ok, Senhor, se realmente queres que eu seja missionária, então mostra-me."

Deixei a Bíblia abrir-se e então pus o meu dedo, e então li, "Como ouvirão se não há quem pregue?" (Romanos 10:14b).

Deus perguntou, "Estás disposta a que eles não ouçam porque não queres r?"

"Oh, não, Senhor, eu vou!"

Bem, para onde é que Deus me

Addie, Rusty, Larry, Greg e Candy Garman - primeiros anos.

enviou, se não foi para as selvas da Amazónia onde temos tudo o que morde, pica e rasteja, e se encontra o rio mais perigoso do mundo.

O dia finalmente chegou quando alcançamos o grande rápido, o Rio Marañon, o início do Amazonas. Com três crianças pequenas, tivemos de embarcar naquela grande canoa para fazermos a viagem rio acima até à nossa casa na profundeza da selva. Comecei a entrar em pânico ao dar passos naquele barco balouçantes. O meu coração batia descontroladamente, e disse às crianças para se segurarem bem.

"Ninguém balança o barco!" gritei ao nos afastarmos da margem. Assim que começarmos a descer o rio, uma paz desceu sobre mim e eu soube que eu estava onde Deus queria que eu estivesse. Não muito depois, fui mordida por uma cobra coral dentro da nossa casa, e não tínhamos o antiveneno. Deus poupou a minha vida através das orações de muitas pessoas naquela noite de então. O versículo a que me tenho agarrado durante o meu serviço missionário é Isaías 41:10:

"Não temas, porque eu sou contigo;
não te assombres, porque eu sou o teu Deus;
eu te esforço, e te ajudo, e
te sustento com a destra da minha justiça."

Testemunho de Larry Garman

Oh, Amazónia, a chamada do teu povo pesa no meu coração. Tenho percorrido as tuas montanhas, andado nas tuas trilhas e navegado nas tuas linhas de água para visitar aldeias isoladas onde o teu povo vive como vítima de medo e superstições.

A chamada chegou naquela voz calma para seguir os passos dos primeiros mission-ários, servos de Deus, que deram a última gota de devoção ao teu povo que vivia na escuridão, escravizado pela bruxaria e as mortes por vingança.

Não posso esquecer aquele domingo na Califórnia quando o Espirito Santo me falou acerca do teu povo e a sua escuridão espiritual e acerca do desafio, "Quem lhes irá contar?"

Oh, Amazónia, partiste o meu coração naquela noite e eu chorei como um bebé pelas necessidades do teu povo.

Nunca mais esquecerei os sons da floresta tropical que cumprimentou os nossos ouvidos quando chegámos pela primeira vez. Os tambores tocam dentro a noite e os recipientes masato transbordavam com o seu licor intoxicante à medida que o teu povo cambaleava nas trevas e pecado. Os cantares do bruxo e o clamor desesperado da morte enchiam a selva com tristeza e desespero que penetravam as profundezas das nossas almas. Eu pensava em Actos 26:17b-18a, "a quem agora te envio, para lhes abrires os olhos e das trevas os converteres à luz e do poder de Satanás a Deus."

Depois, quando tudo parecia sem esperança, ouvimos outro som ao longo dos teus rios e pelas trilhas de aldeia em aldeia. Era o vento fresco de esperança varrendo a selva na forma do Espírito do teu Criador. Cântico, louvor e oração encheram o ar à medida que Deus se movia sobre o teu povo. Os tambores pararam de bater e os recipientes de masato secaram. A esperança substituiu o desespero.

Guardo as memórias do teu povo ajoelhando-se no chão sujo das igrejas por toda a Amazónia, implorando ao Deus amoroso que os ajudasse. O fervor das suas orações ainda me dá arrepios na espinha. As centenas de dedicações de bebés em tantas igrejas ainda são vívidas na minha memória. O meu coração regozija-se pelos inúmeros baptismos nos riachos e rios, demasiados para serem mencionados. Obrigado pelo privilégio glorioso em tratar milhares e milhares na nossa clínica e nas aldeias por toda a tua terra.

Oh, Amazónia, tens testemunhado o nascimento da igreja entre o teu povo, e nunca serás a mesma. A santidade tem varrido as tuas florestas. O teu povo tem tocado as nossas vidas e levado as mesmas nos seus corações, e seremos para sempre gratos. Eles têm-nos ensinado tanto acerca de nós mesmos, e os seus exemplos têm-nos inspirado a um compromisso ainda mais profundo.

A minha mais profunda gratidão vai para uma igreja amorosa e cuidadora que nos tem apoiado durante anos de formas que desafiam a explicação. Às Equipas de Trabalho e Testemunho, equipas médicas e dentárias, líderes da igreja e uma grande hoste de pessoas que nos têm mantido nas suas orações e corações durante 46 anos. Agradecemo-vos pelo vosso grande investimento no povo da Amazónia.

30 Alegria de Natal

Estas coisas vos escrevemos, para que o vosso gozo se cumpra. -- I João 1:4 ARC

As crianças tinham crescido e saído de casa, e Addie e eu estávamos sozinhos pela primeira vez durante o Natal.

"Addie, queres que eu enfeite a árvore?" perguntei.

"Não. Os miúdos não estão cá para a ver."

"Vais fazer bolachas?"

"Não. Porquê que os faria? Os miúdos não estão cá."

Ela estava deprimida pelo Natal; e sem a família, o Natal não seria o mesmo.

Fui para a clínica nesse dia, deixando a Addie a pensar num Natal sem os nossos filhos para o celebrarem connosco. Mais tarde nessa manhã eu perguntei ao nosso superintendente distrital quando é que ele e a família iam rio abaixo para Chipe, para as férias. Ele disse-me que não iam para casa, que estariam aqui para o Natal.

Perguntei a cada família que vivia na estação da missão a mesma pergunta. Geralmente, as famílias que moravam na estação iam para as suas respectivas aldeias para celebrar o Natal com familiares. Mas este ano, por uma razão desconhecida, iam todos ficar durante as férias.

Na manhã seguinte, comentei com a Addie acerca deste estranho acontecimento.

Naquele dia, o Senhor falou com ela acerca de dar um Natal alegre às famílias índias na estação da missão.

"Larry! Vem cá!" chamou-me, a voz cheia de determinação e entusiasmo. "Vai buscar a árvore; vamos decorá-la!"

Perguntei-me o que teria acontecido, enquanto ela tirava tachos do armário e anunciou que ia fazer bolachas.

O entusiasmo dela era contagioso, e fui buscar a nossa árvore de plástico e as decorações do nosso armazém. Decorámos a árvore com luzes e tudo o mais, e colocámo-la no canto da sala, com vistas para o Maranhão.

A Addie começou a fazer bolachas de todos os géneros. Quando as crianças passavam pela casa, cheiravam as bolachas a cozinhar e punham o nariz contra as janelas, olhando para a estranha e linda árvore.

A Addie viu-os e pouco depois ofereceu-lhes bolachas acabadas de fazer. As bolachas foram arrebanhadas delicadamente e devoradas. Os miúdos não podiam acreditar na sorte deles e depressa informaram as outras crianças to tesouro que tinham encontrado. Em breve a nossa casa estava rodeada por caras expectantes -- e mãos mais que dispostas a receberem as ofertas da Addie. Estavam a devorar bolachas quase tão rapidamente como ela as tirava do forno.

Cozinha da selva de Addie

No início dessa tarde, a Addie disse, "temos de ir a Chiriaco para comprar presentes para cada uma das crianças na estação da missão."

Liguei a camioneta para a viagem de uma hora para a pequena vila de Chiriaco. Tinha chovido, e havia lama por todo o lado, enquanto balançávamos de um buraco para o outro. A mais ou menos 20 minutos da vila, encontrámos um deslizamento de terra, e tivemos de ir a pé o resto do caminho.

A vila tinha uma pequena loja onde podíamos comprar alguns brinquedos de plástico e bonecas. A Addie comprou algo para cada criança; e lá voltámos para a camioneta, com sacos cheios de brinquedos baratos. Atravessámos o deslizamento, e fomos para casa. A Addie mal podia esperar para embrulhar cada presente, e pôr-lhe um nome para os colocar debaixo da árvore.

No dia seguinte algumas crianças voltaram a nossa casa, na esperança de mais bolachas. Olharam pela tela da janela, e admiraram a linda árvore quando os olhos delas encontraram as muitas coisas bonitas embrulhadas debaixo da árvore.

A Addie reparou na curiosidade das crianças, e convidou-as para entrarem. Estavam como que hipnotizadas a olhar para os presentes.

Finalmente, uma das crianças reparou que os presentes tinham nomes.

"Vai ver se o teu nome está num deles," disse-lhe a Addie.

Um por um, eles exclamaram, "Olha! O meu nome está neste!"

Quando viram os nomes dos amigos em presentes diferentes, eles correram para lhes contarem acerca dos presentes debaixo da árvore.

Rapidamente, um enorme grupo de crianças encheu a sala, a inspeccionar os pacotes com os nomes deles. A Addie disse-lhes que no dia de Natal eles e as famílias estavam convidados para vir a nossa casa para o pequeno almoço, para um culto devocional e para abrir os presentes.

O dia de Natal chegou, juntamente com 25 crianças índias e os seus pais a encherem a nossa casa. A Addie encheu-os com ovos cozidos, e todo o pão, quequies, e outras iguarias que eles podiam comer.

Lemos a história do Natal, e orámos.

"É hora de abrir os presentes!" anunciámos.

Todos se sentaram silenciosamente enquanto as crianças abriam os seus presentes. Tinham olhos esbugalhados, a dançarem com entusiasmo quando cada um recebia um pequeno pacote.

Adriano, um menino de cinco anos, recebeu um cartão com dez carrinhos colados nele. Começou a dar um carrinho a cada uma das crianças quando a Addie o parou.

"Adriano, não! Esses são todos para ti! Os outros meninos e meninas têm os seus próprios presentes."

Os olhos dele iluminaram-se, e ele correu para o seu pai. "Pai! Estes são todos para mim!"

Ficámos com as gargantas apertadas quando vimos que este pequeno rapaz estava disposto a partilhar o seu único presente com os outros.

Não foi isso que Deus fez por nós em Jesus?

Por volta das 11 da manhã, as famílias foram para as suas casas, e deixaram-nos cheios da grande verdade, "Melhor é dar do que receber."

Comemos a nossa refeição natalícia, que consistia numa sandes, e louvámos a Deus pelo verdadeiro significado do Natal.

31
Para Cada Acção Há Uma Reacção

As crianças estavam ali, aterrorizadas, a verem a mãe deles a tremer incontrolavelmente. O corpo dela estava violentamente assolado pelas convulsões que pareciam atacá-la diariamente.

Fulgêncio, o marido e pai, fazia o que podia para confortar a esposa e protege-la dos ataques. Parecia que uma eternidade se passava até o corpo dela ficar flácido, e ela adormecer profundamente.

Trabalhar nos campos de arroz de Bellavista era trabalho esgotante e fatigante. Fulgêncio foi tentado a plantar coca, visto bastantes dos seus amigos e vizinhos ganharem bom dinheiro dessa colheita ilegal.

Ele resistiu à tentação de se envolver no negócio ilegal de drogas. Contudo, sustentar uma família de seis crianças era um verdadeiro desafio, e por isso anunciou à família que ia a Pucallpa, a dois dias de distância, para procurar trabalho. O plano era que os seus filhos mais velhos, Waldemar, Francisco e Fulgêncio Jr. trabalhassem nos campos de arroz na ausência dele.

Em Pucallpa, ele trabalhou numa fábrica de papel. Contudo, não demorou muito para o administrador da fábrica reparar na ética de trabalho e na capacidade de liderança de Fulgêncio, e promoveu-o a supervisor.

O sucesso foi a ruína de Fulgêncio. Ele parou de comunicar com a sua família, começou a beber e eventualmente apaixonou-se por uma mulher em Pucallpa.

Entretanto a esposa de Fulgêncio, Carmen, e as crianças estavam a tentar sobreviver sem o apoio do seu marido e pai. Carmen enviou muitas cartas para o seu marido, mas não recebeu respostas. Ela e as crianças tinham imensas saudades, mas perderam todo o contacto.

Fulgêncio foi tão bem-sucedido como supervisor na fábrica que o dono o quis enviar para dirigir as operações numa fábrica de papel famosa perto de Lima. Fulgêncio não tinha qualquer desejo de ir para Lima e deixar a vila de Pucallpa na selva. Dois anos passaram, e Fulgêncio arrependeu-se do seu estilo de vida e de ter abandonado a esposa e filhos. Finalmente, ele acabou o relacionamento com a mulher de Pucallpa e foi para casa, no vale de Huallaga e Bellavista.

Carmen tinha esperado pacientemente dois anos, à espera do seu marido voltar. Humildemente, ele pediu a Carmen que o aceitasse de volta. Contra todos os conselhos da sua família, ela perdoou-o e eles voltaram à sua vida em comum. Ela amava a natureza, e especialmente amava cavalos. Andar a cavalo era a sua paixão, e ela fazia-o com perícia.

Fulgencio e Carmen entre Larry e Addie

Um dia, Carmen foi atirada do cavalo, e bateu com cabeça com tanta força que perdeu os sentidos. Enquanto esteve desmaiada, ela teve uma visão da sua mãe a pedir-lhe que viesse com ela para o céu. Algum tempo mais tarde, Carmen acordou, mas desenvolveu sintomas terríveis. Ela viva temerosa e ansiosa. A batida na cabeça dela deixou-a instável e pouco capaz de cumprir os seus deveres em casa.

Fulgêncio, nessa altura, estava a fazer vassouras, e Carmen levava-as para o mercado para vender. Um dia, um vizinho pediu-lhe para comprar algo no mercado. De volta para casa ela perdeu o objecto, e ficou perturbada. Nessa noite, ela teve convulsões que a deixaram fraca e exausta.

Daí em diante ela tinha medo de ir a qualquer lado sozinha, e os ataques tornaram-se mais frequentes.

Fulgêncio levou a esposa a médicos e hospitais, mas sem resultado. A condição dela foi piorando até ela não conseguir funcionar normalmente. As crianças tinham de lavar a roupa, preparar a comida, fazer o trabalho doméstico, e manter a casa a funcionar.

Em desespero, Fulgêncio levou-a a bruxos e shamans, a tentar achar alívio para as temidas convulsões. Nada funcionou. A condição de Carmen foi piorando gradualmente.

Fulgêncio estava desesperado. Vendeu quase tudo o que tinham para pagar a ajuda para a sua esposa.

Numa noite solitária, ele pensou acerca da sua infância. Lembrou-se de um missionário que tinha vindo à sua aldeia, e tinha falado na língua nativa, Quechua. Fulgêncio estava tão impressionado pelo homem que frequentou os cultos durante algum tempo, mas parou de ir algum tempo depois.

Perto da casa deles, em Bellavista, havia uma pequena Igreja do Nazareno. O reverendo Felipe, um homem idoso, visitava fielmente este pequeno grupo de crentes. Depois do culto em Bellavista, ele voltava para casa em Huacho, de lanterna na mão. Ele amava o seu povo, e estava sempre disposto a servi-lo, mesmo que isso significasse longas horas de caminhada para encorajar o seu rebanho.

Vários dias depois, uma prima da Carmen visitou-a e ao Fulgêncio, e durante a conversa, perguntou, "Porque é que não dão o vosso coração ao Senhor?"

Carmen, em desespero, respondeu, "Da próxima vez que o pastor Felipe vier à tua igreja, pede-lhe para me visitar, por favor."

Nesta altura, Fulgêncio também estava desesperado, e disposto a fazer qualquer coisa para ver a sua esposa com a saúde restaurada.

O pastor Felipe em breve fez a sua fiel visita à igreja de Bellavista. A prima de Carmen convidou-a, a Fulgêncio e às crianças, Elói e Felix, para irem a um culto em sua casa.

Nessa noite, Deus manifestou-se maravilhosamente, e todos eles convidaram Jesus para entrar nos seus corações. A sua alegria era incrível, e paz reinou onde antes havia ansiedade.

Na semana seguinte as convulsões da Carmen tornaram-se mais frequentes e severas. Eram tão violentas que ela mordeu a língua e lábios, causando cortes bastante sérios. As contorções e contracções musculares eram quase insuportáveis. Ela sentia-se como que a morrer, mas tinha algum conforto em pensar que ao menos morreria nos braços de Jesus.

A mãe de Fulgêncio afirmou, "Não serve de nada. Deus não pode curar a Carmen."

As convulsões ocorriam agora quase a todas as horas. A família estava quase a desistir, e a sua nova fé foi sériamente testada. O pastor Felipe orou com eles, e encorajou-os a seguir Jesus e a ter fé.

A família orou, confiou em Deus, e tornou-se parte vital da igreja em Bellavista. Estavam a crescer espiritualmente, a olhos vistos. Carmen tinha dias bons e dias que eram um grande desafio.

Fulgêncio anunciou à família um dia que iriam mudar-se para Pucallpa, onde ele tinha comprado uma casa modesta e um pouco de terra para arar. Antes de sairem, o pastor Felipe foi fazer uma última visita à família. Os curandeiros (semelhantes a bruxos, mas tratavam as pessoas com preparações de ervas e encantamentos) tinham proibido Carmen de comer algumas comidas, e receitaram certas superstições para seguirem. O pastor Felipe aconselhou os novos crentes a terem fé em Jesus e a confiarem n'Ele completamente. Disse a Carmen para comer o que quisesse e para deitar fora todos os remédios que os curandeiros lhe tinham dado. Carmen seguiu o conselho dele, e colocou a sua confiança, vida e futuro completamente nas mãos de Deus.

A cura foi gradual, mas em breve as convulsões foram diminuindo até desaparecerem completamente. O apetite e forças dela voltaram, outro dos milagres de Deus na vida deles. A fé deles foi fortalecida, e um novo capítulo começou para a família Cachique de Pucallpa.

Fulgêncio era um trabalhador dedicado, e trabalhava duramente, e em breve a colheita do seu trabalho no campo providenciou as necessidades da família. Waldemar, o filho mais velho, tinha ficado em Bellavista, e cultivou a velha quinta da família. Francisco casou e arranjou um bom emprego com dinheiro suficiente para comprar uma casa em Pucallpa.

Ao chegar à cidade a família começou a frequentar uma pequena igreja evangélica, visto não haver uma Igreja do Nazareno em Pucallpa.

Pucallpa tornou-se uma cidade estratégica no rio Ucayali, na cabeceira do Amazonas. O governo construiu uma estrada de Lima para Pucallpa que se tornaria na principal auto-estrada para toda a parte leste central da Amazónia. Esta estrada tornou possível o transporte de bens desde as indústrias de fabrico na costa do Amazonas, que usavam Pucallpa como centro de distribuição.

Madeira e outros bens podiam ser enviados para o litoral a partir da cidade em rápido crescimento. Terra boa e produtiva estava à venda, e atraía pessoas de toda a Amazónia central.

Um dia, Fulgêncio disse à família, "Porque é que não começamos uma Igreja do Nazareno?"

Francisco ofereceu o primeiro andar da sua casa de dois andares para o início do trabalho nazareno na cidade. Aquele pequeno grupo de crentes cresceu, e eles construíram a primeira igreja com fundos limitados. Todos contribuíram, liderados pelas dádivas sacrificiais da família Cachique.

A nova igreja adoptou o nome do sector onde moravam, Igreja do Nazareno de

Husares. Em breve uma outra igreja foi plantada chamada Igreja do Nazareno La Victoria.

Hoje em dia há cinco igrejas com edifícios lindos, construídos por Equipas de Trabalho e Testemunho -- e várias outras estão a ser plantadas. Duas das igrejas são pastoreadas por dois dos filhos Cachique, Atílio e Felix. Outro dos filhos de Fulgêncio e Carmen, Eloy Cachique, pastoreia numa outra cidade, a um dia de viagem de Pucallpa. Waldemar, o mais velho, em breve vai-se mudar para uma vila a quase 50 km para pastorear a igreja em Yerbas Buenas.

O facto de quatro pastores de uma só família estarem a trazer honra ao Salvador que trouxe tanta benção às suas vidas é espantoso. Francisco e Fulgêncio Jr., juntamente com a única filha, Edite, frequentam e são activos na Igreja de Husares.

Em 2012 Fulgêncio decidiu vender a casa dele, e parte da terra da quinta para construir uma nova igreja em Bellavista, onde ele, a Carmen, e muitos da sua família, vieram a conhecer Cristo como seu Redentor e Curador. Toda a família, excepto Francisco, que tinha de trabalhar, formou uma Equipa de Trabalho e Testemunho que passou cinco semanas a construir uma igreja muito bonita, de blocos de cimento, em Bellavista. Os membros da congregação local trabalharam com a família Cachique, para cumprir o sonho de Fulgêncio e Carmen que os trouxe de volta para onde Jesus os transformou numa das mais dedicadas famílias que eu já tive o privilégio de conhecer e trabalhar lado a lado nos nossos 45 anos como missionários.

Em Janeiro de 2013, toda a família voltou a Bellavista para dedicar a nova igreja em gratidão a Deus pelo que Ele tinha feito nas suas vidas.

Fulgêncio disse-me, "Eu queria dar algo a Deus que me custasse, por tudo o que Ele tem feito por nós. A minha inspiração para isso foram as muitas Equipas de Trabalho e Testemunho que o dr. Garman trouxe a Pucallpa. Eu vi o amor deles em acção."

Graças a Deus por leigos dedicados e que se sacrificam, os quais têm feito uma diferença para o Reino!

Sim, para cada acção há uma reacção!

Actue Sobre Isso

- Larry e Addie Garman são mestres contadores de histórias. Porque não organizar uma "Noite de Histórias da Amazónia" para encorajar outros a ler este livro? Seleccione algumas das histórias do livro, e peça a pessoas diferentes para as lerem durante o evento. (Encoraje-as a serem o mais dramáticas possível.) Ofereça um lanche e lugares confortáveis para se sentarem, mesmo no chão. Providencie alguns factos acerca do rio Amazonas e do Peru, e mostre locais num mapa ou globo. Feche com oração pelo povo do Peru, aqueles que moram perto do rio Amazonas, os Garman, outros missionários, e peruanos que continuam o trabalho lá.

- Os Garman sublinham a importância das Equipas de Trabalho e Testemunho para o seu ministério. Considere participar numa Equipa de Trabalho e Testemunho, indo a um outro país, ou no seu próprio país, ou até mesmo no seu distrito. Contacte o escritório de Trabalho e Testemunho em workandwitness.nazarene.org, ou o seu distrito para saber quais são as necessidades.

- Tal como os Garman renderam as suas vidas totalmente para servir a Deus num local remoto, reflicta no que é que Deus o está a chamar na sua vizinhança, ou à volta do mundo. Ele está à espera de poder usá-lo para os propósitos do Reino, independentemente de onde vem, ou das suas habilidades. Fale com o seu pastor acerca das oportunidades de servir na sua própria congregação.

- Os Garman ministraram no Peru durante 45 anos por causa do apoio que receberam através do Fundo de Evangelismo Mundial (FEM). O FEM providencia estrutura e apoio financeiro básico a missionários como os Garman. Imagina quantos peruanos conhecem a Cristo hoje porque o FEM tornou possível aos Garman irem. Igrejas recebem ofertas para o Fundo de Evangelismo Mundial ao longo do ano. Ore acerca do que Deus quer que você e a sua igreja ofertem.